CHRISTA WOLF

Was bleibt

Aufbau-Verlag

Nur keine Angst. In jener anderen Sprache, die ich im Ohr, noch nicht auf der Zunge habe, werde ich eines Tages auch darüber reden. Heute, das wußte ich, wäre es noch zu früh. Aber würde ich spüren, wenn es an der Zeit ist? Würde ich meine Sprache je finden? Einmal würde ich alt sein. Und wie würde ich mich dieser Tage dann erinnern? Der Schreck zog etwas in mir zusammen, das sich bei Freude ausdehnt. Wann war ich zuletzt froh gewesen? Das wollte ich jetzt nicht wissen. Wissen wollte ich – es war ein Morgen im März, kühl, grau, auch nicht mehr allzu früh –, wie ich in zehn, zwanzig Jahren an diesen noch frischen, noch nicht abgelebten Tag zurückdenken würde. Alarmiert, als läute in mir eine Glocke Sturm, sprang ich auf und fand mich schon barfuß auf dem schön gemusterten Teppich im Berliner Zimmer, sah mich die Vorhänge zurückreißen, das Fenster zum Hinterhof öffnen, der von überquellenden Mülltonnen und Bauschutt besetzt, aber menschenleer war, wie für immer verlassen von den Kindern mit ihren Fahrrädern und Kofferradios, von den Klempnern und Bauleuten, selbst von Frau G., die später in Kittelschürze und grüner Strickmütze herunterkommen würde, um die Kartons der Samenhandlung, der Parfümerie und des Intershops aus den großen Drahtcontainern zu nehmen, sie platt zu drücken, zu handlichen Ballen zu verschnüren und auf ihrem vierrädrigen Karren zum Altstoffhändler um die Ecke zu bringen. Sie würde laut schimpfen über die Mieter, die ihre leeren Flaschen aus Bequemlichkeit in die Mülltonnen warfen, anstatt sie säuberlich in den bereitgestellten Kisten zu stapeln, über die Spätheimkehrer, die beinahe jede Nacht die vordere Haustür aufbrachen, weil sie immer wieder ihren Schlüssel vergaßen, über die Kommunale Wohnungsverwaltung, die es nicht fertigbrachte, eine Klingelleitung zu legen, am meisten aber über die Betrunkenen aus dem Hotelrestaurant im Nebenhaus, die unverfroren hinter der aufgebrochenen Haustür ihr Wasser abschlugen.

Die kleinen Tricks, die ich mir jeden Morgen erlaubte: ein paar Zeitungen vom Tisch raffen und sie in den Zeitungsständer stecken, Tischdecken im Vorübergehen glattstreichen, Gläser zusammenstellen, ein Lied summen („Geht nicht, sagten kluge Leute, zweimal zwei ist niemals drei"), wohl wissend, alles, was ich tat, war Vorwand, in Wirklichkeit war ich, wie an der Schnur gezogen, unterwegs zum vorderen Zimmer, zu dem großen Erkerfenster, das auf die Friedrichstraße blickte und durch das zwar keine Morgensonne hereinfiel, denn es war ein sonnenarmes Frühjahr, aber doch Morgenlicht, das ich liebe, und von dem ich mir einen gehörigen Vorrat anlegen wollte, um in finsteren Zeiten davon zu zehren.

Aber das weiß ich doch, daß man durch willentlichen Entschluß keinen Himmelsschatz erwirbt, der sich unter der Hand vermehrt; weiß doch: Alle Nahrung über des Leibes Notdurft hinaus wächst uns zu, ohne daß wir sie Stück um Stück zusammentragen müßten oder dürften, sie sammelt sich von selbst, und ich fürchte ja, alle diese wüsten Tage würden nichts beisteuern zu dieser dauerhaften Wegzehrung und deshalb unaufhaltbar im Strom des Vergessens abtreiben. In heller Angst, in panischer Angst wollte ich mich jetzt an einen dieser dem Untergang geweihten Tage klammern und ihn festhalten, egal, was ich zu fassen kriegen würde, ob er banal sein würde oder schwerwiegend, und ob er sich schnell ergab oder sich sträuben würde bis zuletzt. So stand ich also, wie jeden Morgen, hinter der Gardine, die dazu angebracht worden war, daß ich mich hinter ihr verbergen konnte, und blickte, hoffentlich ungesehen, hinüber zum großen Parkplatz jenseits der Friedrichstraße.

Übrigens standen sie nicht da. Wenn ich recht sah – die Brille hatte ich mir natürlich aufgesetzt –, waren alle Autos in der ersten und auch die in der zweiten Parkreihe leer. Anfangs, zwei Jahre war es her, daran maß ich die Zeit, hatte ich mich ja von den hohen Kopfstützen mancher Kraftfahrzeuge täuschen lassen, hatte sie für Köpfe gehalten und ob ihrer Unbeweglichkeit beklommen bestaunt; nicht, daß mir gar keine Fehler mehr unterliefen, aber über dieses Stadium war ich hinaus. Köpfe sind ungleichmäßig geformt, beweglich, Kopfstützen gleichförmig, abgerundet, steil – ein gewaltiger Unterschied, den ich irgendwann einmal genau beschreiben könnte, in meiner neuen Sprache, die härter sein würde als die, in der ich immer noch denken mußte. Wie hartnäckig die Stimme die Tonhöhe hält, auf die sie sich einmal eingepegelt hat, und welche Anstrengung es kostet, auch nur Nuancen zu ändern. Von den Wörtern gar nicht zu reden, dachte ich, während ich anfing, mich zu duschen – den Wörtern, die, sich beflissen überstürzend, hervorquellen, wenn ich den Mund aufmache, angeschwollen von Überzeugungen, Vorurteilen, Eitelkeit, Zorn, Enttäuschung und Selbstmitleid.

Wissen möchte ich bloß, warum sie gestern bis nach Mitternacht dastanden und heute früh einfach verschwunden sind.

Ich putzte mir die Zähne, kämmte mich, benutzte gedankenlos, doch gewissenhaft verschiedene Sprays, zog mich an, die Sachen von gestern, Hosen, Pullover, ich erwartete keinen Menschen und würde allein sein dürfen, das war die beste Aussicht des Tages. Noch einmal mußte ich schnell zum Fenster laufen, wieder ergebnislos. Eine gewisse Erleichterung war das natürlich auch, sagte ich mir, oder wollte ich etwa behaupten, daß ich auf sie wartete? Möglich, daß ich mich gestern abend lächerlich gemacht hatte; einmal würde es mir wohl peinlich sein, daran zu denken, daß ich mich alle halbe Stunde im dunklen Zimmer zum Fenster vorgetastet und durch den Vorhangspalt gespäht hatte; peinlich, zugegeben. Aber zu welchem Zweck saßen drei junge Herren viele Stunden lang beharrlich in einem weißen Wartburg direkt gegenüber unserem Fenster.

Fragezeichen. Die Zeichensetzung in Zukunft gefälligst ernster nehmen, sagte ich mir. Überhaupt: sich mehr an die harmlosen Übereinkünfte halten. Das ging doch, früher. Wann? Als hinter den Sätzen mehr Ausrufezeichen als Fragezeichen standen? Aber mit simplen Selbstbezichtigungen würde ich diesmal nicht davonkommen. Ich setzte Wasser auf. Das mea culpa überlassen wir mal den Katholiken. Wie auch das pater noster. Lossprechungen sind nicht in Sicht. Weiß, warum in den letzten Tagen ausgerechnet weiß? Warum nicht, wie in den Wochen davor, tomatenrot, stahlblau? Als hätten die Farben irgendeine

Bedeutung, oder die verschiedenen Automarken. Als verfolgte der undurchsichtige Plan, nach dem die Fahrzeuge einander ablösten, verschiedene Parklükken in der ersten oder zweiten Autoreihe auf dem Parkplatz besetzten, irgendeinen geheimen Sinn, den ich durch inständiges Bemühen herausfinden könnte; oder als könnte es sich lohnen, darüber nachzudenken, was die Insassen dieser Wagen – zwei, drei kräftige, arbeitsfähige junge Männer in Zivil, die keiner anderen Beschäftigung nachgingen, als im Auto sitzend zu unserem Fenster herüberzublicken – bei uns suchen mochten.

Der Kaffee mußte stark und heiß sein, gefiltert, das Ei nicht zu weich, selbsteingekochte Konfitüre war erwünscht, Schwarzbrot. Luxus! Luxus! dachte ich wie jeden Morgen, als ich das alles beieinanderstehen sah – ein nie sich abnutzendes Schuldgefühl, das uns, die wir den Mangel kennen, einen jeden Genuß durchdringt und erhöht. Die Nachrichten aus dem Westsender (Energiekrise, Hinrichtungen im Iran, Abkommen über die Begrenzung der strategischen Rüstungen: Vergangenheitsthemen!) hörte ich kaum, mein Blick war auf die Eisenstange gefallen, die den zweiten Ausgang unserer Wohnung – jene Tür, die von der Küche über die Hintertreppe zum Hofausgang führt – einbruchsicher verrammelt. Mir fiel ein, in meinem nächtlichen Traum war diese unbenutzte, schmale, verdreckte, mit ausrangierten Möbeln vollgestellte Treppe reinlich gewesen und lebhaft begangen von allerlei dreistem Volk, das ich in meinen Traumgedanken „Gelichter" nannte – ein Wort, das ich diese drahtigen, behenden, lemurenhaften, jeden Schamgefühls baren Männer niemals hören lassen würde, die sich, was ich schon immer so sehr gefürchtet hatte!, durch die todsichere Hintertür Einlaß in unsere Küche verschafft hatten, sich nun auf der Schwelle drängten, sich an die eiserne Stange preßten, die unerschütterlich in ihren Halterungen lag und merkwürdigerweise von jenen Elenden respektiert wurde, die doch leicht unter ihr hätten durchschlüpfen können, statt dessen aber ihre Leiber gegen sie quetschten, während immer neue, von einem mir unsichtbaren Höllenrachen ausgespiene Figuren – ja, sie wirkten wie Pappfiguren, flach – von hinten nachschoben, unglaublich agil und beredt. Was hatten sie eigentlich gesagt. Daß wir uns nur ja nicht stören lassen sollten. Daß wir so tun sollten, als seien sie gar nicht da. Daß es das allerbeste wäre, wir würden sie vollständig vergessen. Sie höhnten nicht, es war ihr Ernst, das erbitterte mich am meisten in meinem Traum. Da man sich einen Traum nicht verbieten, wohl auch nicht vorwerfen kann, lachte ich auf, um mir zu beweisen, daß ich eigentlich schon über den Dingen stand. Das Lachen klang gezwungen.

Keine Angst. Meine andere Sprache, dachte ich, weiter darauf aus, mich zu täuschen, während ich das Geschirr in das Spülbecken stellte, mein Bett machte, ins vordere Zimmer zurückging und endlich am Schreibtisch saß – meine andere Sprache, die in mir zu wachsen begonnen hatte, zu ihrer vollen Ausbildung aber noch nicht gekommen war, würde gelassen das Sichtbare dem Unsichtbaren opfern, würde aufhören, die Gegenstände durch ihr Aussehen zu beschreiben – tomatenrote, weiße Autos, lieber Himmel! – und würde, mehr und mehr, das unsichtbare Wesentliche aufscheinen lassen. Zupackend würde diese Sprache sein, soviel glaubte ich immerhin zu ahnen, schonend und liebevoll. Niemandem würde sie weh tun als mir selbst. Mir dämmerte, warum ich über diese Zettel, über einzelne Sätze nicht hinauskam. Ich gab vor, ihnen nachzuhängen. In Wirklichkeit dachte ich nichts.

Sie standen wieder da.

Es war neun Uhr fünf. Seit drei Minuten standen sie wieder da, ich hatte es sofort gemerkt. Ich hatte einen Ruck gespürt, den Ausschlag eines Zeigers in mir, der nachzitterte. Ein Blick, beinahe überflüssig, bestätigte es. Die Farbe des Autos war heute ein gedecktes Grün, seine Besatzung bestand aus drei jungen Herren. Ob diese Herren ausgewechselt wurden wie die Autos? Und was wäre mir lieber gewesen – daß es immer dieselben waren oder immer andere? Ich kannte sie nicht, das heißt, doch, einen kannte ich: den, der neulich ausgestiegen und über die Straße auf mich zu gekommen war, allerdings nur, um sich an dem Bockwurststand unter unserem Fenster anzustellen, und der mit drei Bockwürsten auf einem großen Pappteller und mit drei Schrippen in den Taschen seiner graugrünen Kutte zu dem Auto zurückgekehrt war. Zu einem *blauen* Auto, übrigens, mit der Nummer ... Ich suchte den Zettel, auf dem ich die Autonummern notierte, wenn ich sie erkennen konnte. Dieser junge Herr oder Genosse hatte dunkles Haar gehabt, das sich am Scheitel zu lichten begann, das hatte ich von oben sehen können. Einen Augenblick lang hatte ich mir in der Vorstellung gefallen, daß ich als erste die beginnende Glatze des jungen Herrn bemerkte, eher als seine eigene Frau, die womöglich nie derart aufmerksam auf ihn herabsah. Ich hatte mir vorstellen müssen, wie sie dann gemütlich in ihrem Auto beieinanderhockten (im Auto kann es ja sehr gemütlich sein, besonders wenn draußen Wind geht und sogar einzelne Tropfen fallen), wie sie die Bockwürste aufaßen und nicht einmal frieren mußten, denn der Motor lief leise und heizte ihnen ein. Aber was tranken sie dazu? Führten sie, wie andere Werktätige, jeder eine Thermosflasche voll Kaffee mit?

Unsere Empfindungen bei solchen Gelegenheiten sind kompliziert. Und die richtigen Wörter hatte ich immer noch nicht, immer noch waren es Wörter aus dem äußeren Kreis, sie trafen zu, aber sie trafen nicht, sie griffen Tatsachen auf, um das Tatsächliche zu vertuschen, so unbekümmert würde ich nicht mehr lange drauflos reden können, aber was ist einer, der nicht unbekümmert ist? Bekümmert? Kummervoll? „Kummer", las ich in Hermann Pauls Deutschem Wörterbuch, immer tiefer hineintreibend in meine Besessenheit: „Kummer" habe im Mittelhochdeutschen „Schutt, Beschlagnahme, Not", in der älteren Rechtssprache sogar „Arrest" bedeuten können. Beschlagnahme, ja, das traf es, in Beschlag genommen dahinkümmern. „Es reuete ihn, daß er die Menschen gemacht hatte, und es bekümmerte ihn in seinem Herzen." Doktor Martin Luther, der mir weismachen wollte, daß wir nur zustimmen oder ablehnen, Freund oder Feind sein können. Deine Rede sei ja, ja und nein, nein.

Was darüber ist, ist vom Übel. Des Doktor Luther Geschimpf auf den Papst, die gefräßige Sau, dann auf die Bauern, die tollwütigen Hunde. Glücklicher Mensch, der seinen Erzfeind aus sich herausstellen kann. In meiner Sprache werden Tiernamen nur auf Tiere angewendet werden, nie würde ich, wie andere es taten, die Namen von Schweinen und Hunden, nicht einmal die von Frettchen oder Reptilien auf die jungen Herren da draußen münzen können. Was mir fehlte, war wahrscheinlich ein gesunder nivellierender Haß.

Ich kannte sie ja nicht. Was wußte ich schon von ihnen. Selbst das Kennzeichen „Ledermäntel" war ja ein überholtes Klischee, Dederonanoraks hatten sich schon längst durchgesetzt, aber ob dieses Einheitskleidungsstück ihnen von ihrer Dienststelle für den Außendienst geliefert wurde oder ob sie zum Jahresende eine Verschleißgebühr bekämen und wie hoch die etwa sein könnte – das alles hätte ich nicht zu sagen gewußt. Und kannte man heutzutage nicht schon den halben Menschen, wenn man seine Arbeitsbedingungen kannte? Zum Beispiel hätte mich auch interessiert, wie bei ihnen die tägliche Arbeitseinteilung vor sich ging, oder der Befehlsempfang, wie man das wohl nennen mußte, und ob bestimmte Posten beliebter waren als andere, die Autoposten zum Beispiel beliebter als die Türstehposten. Und, wenn ich schon mein Interesse anmeldete: Ob jene, die mit ihren Umhängetaschen auf den Straßen patroullieren, tatsächlich in diesen Täschchen ein Sprechfunkgerät mit sich führen, wie das Gerücht es steif und fest behauptet. Ich hatte manchmal den Verdacht, in den Taschen wäre nichts als ihr Frühstücksbrot, das sie aus menschlich verständlicher Imponiersucht konspirativ versteckten. Eine verzwickte Art von Amtsanmaßung. Jedenfalls verbot es sich, vor einen von ihnen hinzutreten und höflich zu fragen: Verzeihen Sie bitte, was haben Sie eigentlich in Ihrer Tasche? Ebensowenig konnte man sich bei den Autobesatzungen erkundigen, ob sie mit Abhörgeräten ausgerüstet waren und wie weit gegebenenfalls deren Radius reichte. Andere Vertraulichkeiten hingegen würden sich nicht verbieten, auch im Umgang mit ihnen gab es einen Codex, der sich allerdings kaum erlernen ließ, man hatte ihn oder man hatte ihn nicht. Zum Beispiel bedauerte ich es immer noch, daß ich nicht gleich damals, als es anfing, in den ersten kalten Novembernächten, meinem Impuls gefolgt war und ihnen heißen Tee hinuntergebracht hatte. Daraus hätte sich eine Gewohnheit entwickeln können, persönlich hatten wir doch nichts gegeneinander, jeder von uns tat, was er tun mußte, man hätte ins Gespräch kommen können – nicht über Dienstliches, Gott bewahre! –, aber über das Wetter, über Krankheiten, Familiäres.

Nun aber Schluß. Mein beschämendes Bedürfnis, mich mit allen Arten von Leuten gut zu stellen. Den Tee damals hatten wir selber getrunken, spät in der Nacht, im dunklen Zimmer am Fenster stehend, an das wir am nächsten Tag diese Gardine hängten. Plötzlich habe ich das Licht anknipsen, dicht ans Fenster treten und zu ihnen hinüberwinken müssen. Worauf sie ihre Scheinwerfer dreimal kurz aufblitzen ließen. Sie hatten Humor. Ein bißchen beruhigter, ein bißchen weniger bedrückt als sonst waren wir schlafen gegangen. Bedrückt? Das hatte ich mir doch nie zugeben wollen. Jetzt tat ichs eben, vielleicht war das ein erster notwendiger Schritt auf Unrühmliches hin. Empfanden nicht Kinder so, wenn der erzürnte Vater ihnen durch ein kurz angebundenes „Gute Nacht!" bedeutet hat, daß er nicht unversöhnlich ist? Und wie anders als kindlich, kindisch, sollte man die unaufhörlichen Gedankenmonologe nennen, auf denen ich mich ertappte und die allzu oft in der absurden Frage endeten: Was wollt ihr eigentlich? Wieviel ich noch zu lernen hatte! Eine Institution anreden, als sei sie ein Mensch! Aber über diese frühe Phase war ich doch hinaus, beschwichtigte ich mich selbst, Beteuerungen unterliefen mir nicht mehr, seit wann eigentlich? Eines Tages hatte ich begriffen, für Beteuerungen und Erklärungsversuche gab es keinen Adressaten, ich mußte annehmen, wogegen ich mich so lange gesträubt hatte, die jungen Herren da draußen waren mir nicht zugänglich. Sie waren nicht meinesgleichen. Sie waren Abgesandte des anderen. Lange schon war es mir nicht mehr in den Sinn gekommen, dicht an jenen Autos vorbeizustreichen und grimmigen Gesichts hineinzustarren, um den gläsernen Blicken der Insassen zu begegnen, deren Auftrag es doch sein mußte, als das, was sie waren, ausgemacht zu werden und dadurch Wut, besser: Angst zu erzeugen, die bekanntlich manche Menschen zum Einlenken treibt, andere zu unüberlegten Handlungen, welche ihrerseits wieder als Indizienbeweis dienen konnten für die Notwendigkeit der Observation. Irgend jemand, das fühlte ich stark, mußte versuchen, diesen Teufelskreis zu durchbrechen.

Einmal, in meiner neuen freien Sprache, würde ich auch darüber reden können, was aber schwierig werden würde, weil es so banal war: Die Unruhe. Die Schlaflosigkeit. Der Gewichtsverlust. Die Tabletten. Die Träume. Das ließe sich wohl schildern, doch wozu? Es gab ganz andere Ängste auf der Welt. Das Haar, wie es büschelweise ausging. Na und? Inzwischen war es dichter nachgewachsen als zuvor, und die Tabletten lagen unbenutzt in der Schublade. Alles renkte sich ein. Die Träume. Das ja. Das bestritt ich mir nicht, aber wo auf der Welt können Menschen heutzutage ohne Alpträume leben? Nein. Jeden Tag sagte ich mir, ein bevorzugtes Leben wie das meine ließe sich nur durch den Versuch rechtfertigen, hin und wieder die Grenzen des Sagbaren zu überschreiten, der Tatsache eingedenk, daß Grenzverletzungen aller Art geahndet werden. Doch, sagte ich mir, während mir bewußt wurde, daß ich seit Minuten schon auf den Fernsehturm starrte, der sich halbrechts in meinem Gesichtsfeld über dem Häusermassiv von Augen- und Frauenklinik erhob, doch der Sprachgrenze würde ich mich erst nähern, wenn ich mir zutraute zu erklären, warum an jenen Tagen, an denen die Autos nicht in Wirklichkeit, nur als Phantombild auf meiner Netzhaut vorhanden waren, die Angst nicht von mir wich, nicht einmal geringer war als an Tagen der offensichtlichen Observation. Dazu, dachte ich, müßte ich mir mal was einfallen lassen, egal in welcher Sprache.

Wieviel Zeit wollte ich mir eigentlich noch geben?

Zeit war eines meiner Stichworte. Eines Tages war mir klar geworden, daß es vielleicht mehr als alles andere ein gründlich anderes Verhältnis zur Zeit war, das mich von jenen jungen Herren da draußen – sie standen noch dort, ja doch! – unterschied. Jenen nämlich war ihre Zeit wertlos, sie vergeudeten sie in einem unsinnigen, gewiß aber kostspieligen Müßiggang, der sie doch auf die Dauer demoralisieren mußte, aber das schien ihnen ja nichts auszumachen oder ihnen, im Gegenteil, die Vermutung kam mir plötzlich, gerade recht zu sein. Mit beiden Händen, lustvoll geradezu, warfen sie ihre Zeit zum Fenster hinaus; oder nannten sie das womöglich Arbeit, was sie taten? Vorstellbar war sogar das. Vorstellbar, nein: wahrscheinlich war es, daß sie abends ihrer Frau ein Gesicht zeigten, aus dem abzulesen war, wie unersetzlich sie sich an diesem Tag wieder hatten machen dürfen. Allerdings hörte man auch gerüchtweise, daß sich manchmal einer von ihnen am Abendbrottisch, in Gegenwart der halbwüchsigen Kinder, mit den Erkenntnissen des Tages brüstete: menschliche Schwächen der observierten Objekte, abstruse Liebesaffären zum Beispiel, die, dürfte man reden, manchen oder manche ganz schön in die Bredouille brächten. Doch schwieg man zuverlässig wie ein Grab. Man schwieg wirklich, davon war ich überzeugt. Bramabarsierende Väter die Ausnahme. In Wirklichkeit mußten sie alle wissen, daß sie, jeder von ihnen, von einer Sekunde zur anderen überflüssig werden konnten.

Jedesmal, wenn mir dieser Gedanke kam, wurde mir kalt wie beim erstenmal.

Das Telefon. Ein Freund. Grüß dich, sagte ich. Nein, er störe mich bei keiner wichtigen Arbeit. Warum denn nicht, sagte er strafend. Ach, sagte ich, die Frage ließe sich nicht in einem Satz beantworten. Ich könne ruhig mehrere Sätze machen, sagte er. Zum Mitschreiben, sagte ich. Aber da unterschätze ich doch wohl unsere technischen Möglichkeiten, sagte er. Ein Tonband werde man für uns beide doch übrig haben! Was das kostet, sagte ich.

Folgte die Art von Lachen, die wir uns für genau diese Gelegenheiten angewöhnt hatten, ein bißchen herausfordernd, ein bißchen eitel. Und wenn keiner mithörte? Wenn wir mit unserer Selbstüberschätzung und Mutspielerei ins Leere liefen? Das würde nicht den geringsten Unterschied machen. Darüber wollte ich nachdenken.

Wie ich denn klinge, heute morgen.

Na wie denn?

Na, sagte mein Freund, nicht unbedingt high, würde ich sprechen. Oder täuschet mich mein Ohr.

O sagte ich, wie könnte ich anders als high sein, wenn du mich schon mal anrufst – und so weiter.

So sprachen wir immer, am wahren Text vorbei. Ich mußte an die zwei, drei Male denken, als der wahre Text mir doch entschlüpft war, weil ich keine Kraft hatte, ihn zurückzuhalten, und wie seine Augen, seine Stimme sich da verändert hatten. Wie es H. gehe, fragte er jetzt. Gut, sagte ich, ich kann ihn nachmittags besuchen. Und wir, Madame? fragte er. Wann sehen wir uns? Ich sagte, den wahren Text: Möglichst bald. Na denn, sagte er. Er werde in den nächsten Tagen in der Stadt sein und mir vorher durchgeben, wann ich das Kaffeewasser aufsetzen solle. Da sollten sich gewisse von uns beiden hochgeschätzte Persönlichkeiten ruhig ihren Kopf darüber zerbrechen, wofür „Kaffeewasser" das Codewort sein könnte.

Diese Art Späße liebe ich nicht besonders. Kaffee? sagte ich. Und ich dachte, du würdest Tee bevorzugen. Mitnichten, sagte er, und ich solle nun nicht den ganzen Code durcheinanderbringen. Bon, sagte ich. Und er, nach einer kurzen Pause, mit unveränderter Stimme: Du hast Besuch, wie?

Auch diese Fragen liebte ich nicht, sagte aber ja, außerstande zu lügen.

Na, hervorragend, sagte mein Freund. Auf bald also.

Da hörte ich mich auf einmal laut ins Telefon rufen: Du! Hör mal! Einmal werden wir alt sein, bedenkst du das!

Er hatte aufgelegt. Ich aber setzte mich wieder an meinen Schreibtisch und schlug die Hände vors Gesicht. Ja. So verbringen wir unsere kurzen Tage. Ich weinte nicht. Ich hatte, wenn ich es mir recht überlegte, schon ziemlich lange nicht mehr geweint.

Obwohl ich an diesem Tag noch nichts getan hatte, würde ich jetzt, mitten in der Arbeitszeit, einkaufen gehen. Es war ein Sieg der anderen, da machte ich mir nichts vor, denn wenn es eine Moral gab, an der ich festhielt, so war es die Arbeitsmoral, auch weil sie imstande zu sein schien, Verfehlungen in anderen Moralsystemen auszugleichen. Ich wollte nicht aufgeben, wie jene jungen Herren aufgegeben hatten, als sie sich, anstatt ordentlich zu arbeiten, vielleicht aus einem untilgbaren Hang zur Ein- und Unterordnung zu solch notdürftig verbrämtem Nichtstun anheuern ließen.

Was denn. Schon wieder den Kopf anderer Leute zerbrechen? Schuhe überstreifen, Mantel an, die Tür doppelt, am liebsten, wenn es möglich wäre, dreifach verschließen, so wenig das, wie ich ja wußte, im Ernstfall nützen würde, denn mindestens ein-, wahrscheinlich aber zweimal hatten im vorigen Sommer jene jungen Herren oder deren Kollegen mit einer Spezialausbildung im Türenöffnen unsere Wohnung in unserer Abwesenheit aufgesucht, ohne allerdings mit dem Sauberkeitsfimmel von Frau C. zu rechnen, die, wenn sie nach getaner Arbeit die Wohnung verläßt, ihre eigenen Fußstapfen mit einem weichen Tuch hinter sich wegwischt, so daß es ihren Verdacht erregen mußte, als sich am nächsten Tag die Profilsohle eines Männerschuhs, Größe 41/42, deutlich auf einigen Türschwellen und auf dem dunklen Parkett im Mittelzimmer abgedrückt hatte. Worauf Frau C., die nicht leicht zu entmutigen ist, nach sorgfältiger Beseitigung dieser Spuren und ehe sie wiederum aus der Wohnung ging, „nach altbewährter Manier", wie sie sagte, ein wenig Mehl auf den Fußabtreter hinter der Eingangstür stäubte, das erwartungsgemäß die

Fußspuren am nächsten Tag viel deutlicher hervortreten ließ. Außerdem haben im Bad die Scherben des Wandspiegels im Waschbecken gelegen, ohne daß sich für diesen Tatbestand eine natürliche Erklärung hätte finden lassen. Wir mußten also davon ausgehen, daß die jungen Herren ihren Besuch in unserer Wohnung gar nicht verheimlichen wollten.

Einschüchterung nenne man das, sagte ein Bekannter, der genau Bescheid zu wissen vorgab, aber waren wir eingeschüchtert? Nun gut. Selbstverständlich redeten wir in der Wohnung mit anderen sehr leise, wenn bestimmte Themen aufkamen (und sie kamen immer auf), ich stellte das Radio laut bei gewissen Gesprächen, und manchmal zogen wir den Telefonstecker aus der Steckdose, wenn Gäste da waren, doch blieb uns bewußt, daß die Maßnahmen der anderen und unsere Reaktionen darauf ineinandergriffen wie die Zähne eines gut funktionierenden Reißverschlusses. Hoffnung ließ sich nicht daraus ableiten. Hoffnung lag vielleicht in der Tatsache, daß ich mich seit dem vorigen Sommer in meiner eigenen Wohnung nicht mehr zu Hause fühlte.

Ich trat auf die Straße. Standen sie noch da? Sie standen da. Würden sie mir folgen? Sie folgten mir nicht. Nach der Meinung unseres bescheidwissenden Bekannten waren wir der niedersten Stufe der Observation zugeteilt, der warnenden, mit der Maßgabe an die ausführenden Organe: auffälliges Vorhandensein. Eine ganz andere Stufe war die Verfolgung auf Schritt und Tritt mit ein, zwei, bis zu sechs Autos (was das kostete!), wieder eine andere die heimliche Observierung, die in Frage kam, wenn das zu observierende Objekt als ernstlich tatverdächtig galt. Dies also betraf uns wohl nicht? Der Bescheidwissende zuckte die

Achseln. Denkbar war immerhin, daß auch zwei verschiedene Arten der Observation an ein Objekt gewendet würden.

Übrigens konnte man mir ja auch zu Fuß folgen. Ich konnte in der Schaufensterscheibe des Kosmetikladens keinen Verdächtigen entdecken. Mit leiser Bestürzung beobachtete ich, wie ich anfing, aufzuatmen. Die Achmatowa, hatte ein Spezialist für russische Literatur mir versichert, habe zwanzig Jahre lang einen persönlichen Begleiter gehabt. Dies stellte ich mir nun vor, während ich unverfolgt und unbegleitet wie ein normaler Mensch die Friedrichstraße hinunterging und mich fragen mußte, wodurch ich dieses Vorrecht verdiente. Eine Ahnung dämmerte mir, von welch strenger, absoluter Art die Freiheit im innersten Innern lückenloser Einkreisung sein mag. Mir hatten sie nicht einmal die Instrumente gezeigt, dachte ich. Aber wie kam ich darauf. Ja: Sie spielten im Berliner Ensemble am Abend den „Galilei", es stand in großen Buchstaben schwarz auf weißer Leinwand, und niemand hinderte sie daran, denn dies war ein Stück aus der Zeit, in der die reinliche Dialektik noch Geltung hatte, ebenso wie die Wörter „positiv" und „negativ", und in der es einen Sinn hatte, die „Wahrheit" auszusprechen, und böse war, sie zu verschweigen, nicht zu reden von der gemeinen Lüge, die vom Übel war und dem Lügner ein schlechtes Gewissen machte, von dem Reste sich sogar bis auf unsere Tage hinübergerettet haben. Eine Geschichte des schlechten Gewissens, dachte ich, wäre einzubeziehen in das Nachdenken über die Grenzen des Sagbaren; mit welchen Wörtern beschreibt man die Sprachlosigkeit des Gewissenlosen, wie geht, fragte ich mich, Sprache mit nicht Vorhandenem um, das keine

Eigenschaftswörter, keine Substantive an sich duldet, denn es ist eingenschaftslos, und das Subjekt fehlt ihm durchaus, so wie das gewissenlose Subjekt sich selber fehlt, dachte ich weiter, doch stimmte das überhaupt? Suchte ich nicht nur nach Vorwänden, jene vielleicht doch nicht eigenschaftslosen jungen Männer aus meinem Mitgefühl auszustoßen, weil sie mich aus dem ihren ausgestoßen hatten? Wie du mir, so ich dir. Auge um Auge, Zahn um Zahn. Meine neue Sprache, dachte ich gegen mich selbst, müßte auch von ihnen sprechen können, wie sie sich jeglicher Sprachohnmacht annehmen sollte.

Über die Weidendammer Brücke ging ich immer wieder gerne. Der arme BB, mit seinem Glauben an den Unglauben, den er „Wissenschaft" nennt, mit seinen entschlossenen Teilungsversuchen, mit denen er sich, wie mit dem Handbeil, eine Schneise durch das Dickicht der Städte und Länder schlägt, überzeugt, längs dieser Wunde werde die Welt in ihre zwei Hälften auseinanderfallen. Aber hinter ihm schlägt der Urwald zusammen, und vor uns tut sich der Abgrund auf. Galilei, listig und furchtsam, entzieht sich der Inquisition und rettet sein Werk. Die Kirche, die ihn zu vernichten droht, hat ihm immerhin die Waffe geliefert, mit deren Hilfe er gegen sie standhalten kann: den Glauben an den Sinn der Wahrheit. Er mußte nur mit der Angst fertig werden. Eine reine Charakterfrage also, ob er gegen die Lüge antrat. Wir, angstvoll doch auch, dazu noch ungläubig, traten immer gegen uns selber an, denn es log und katzbuckelte und geiferte und verleumdete aus uns heraus, und es gierte nach Unterwerfung und nach Genuß. Nur: Die einen wußten es, und die anderen wußten es nicht.

Über das Brückengeländer gebeugt, sah ich die Enten und Möwen, einen Lastkahn mit schwarzrotgoldener Flagge. Wind ging, wie meistens. Am Scheitelpunkt der Brücke hängt der gußeiserne Preußenadler, der mir spöttisch entgegensah und den ich im Vorbeigehen leicht mit der Hand anrührte. Wie immer, wenn ich über diese Brücke lief, kamen die endlosen Gänge mir wieder in den Sinn, die mich damals, vor mehr als zwei Jahren, durch diese Straßen getrieben hatten, und ich erinnerte mich, wie ich mich schamlos nach Ruhe gesehnt hatte, um beinahe jeden Preis, und daß ich nicht einmal die Erinnerung an Freude, Glück hatte ertragen können und daß ich, wenn im Fernsehen ein Film gezeigt wurde, in dem eine Hoffnung eingefangen war, der ich auch einst angehangen hatte, ohne weiteres in Tränen ausbrechen konnte, und nie würde ich den Augenblick vergessen – blicklos stand ich gerade vor dem Schaufenster einer gewöhnlichen Drogerie – als, wie ein Blitz, die Erkenntnis mich traf, daß es der Schmerz war, der mich umtrieb. Ich hatte ihn nicht erkannt. Der rasende, blanke Schmerz hatte von mir Besitz ergriffen, sich in mir eingenistet und ein anderes Wesen aus mir gemacht.

Zeitlich fiel das ja mit dem Auftauchen der jungen Herren vor unserer Tür zusammen, die allerdings nicht ahnen konnten, daß wir uns nie begegnen würden: Während sie aus ihrem Untergrund auftauchten, sank ich in einen anderen hinab und fand mich auf unbekanntem Gelände. Eine Hand hatte mir ans Herz gegriffen, eine andere meine Augen berührt. Ich war in der Fremde. Viele Wochen lang lief ich durch namenlose Straßen einer namenlosen Stadt. Es wurde Winter, Matsch, Schneeregen, nasse Kälte bis auf die Knochen, mein Fleisch durchdringend, als wäre es nicht da. Aber es beherbergte noch eine matte Erinnerung an frühere Freuden, Brot, Wein, die Liebe, den Geruch der Kinder, die Abbilder von Landschaften, Städten, Gesichtern. Jetzt entströmte ihm eine Trostlosigkeit, daß ich dachte, ein kühler Hauch müsse, für jedermann spürbar, von mir ausgehen.

Nichtsdenkend ging ich die paar Schritte an der niedrigen Steinbalustrade entlang, die unterbrochen wird durch die Einmündung des Weges zur Tür jenes Glaspavillons – im Volksmund „Tränenbunker" genannt –, in dem die Umwandlung von Bürgern verschiedener Staaten, auch meines Staates, in Transitäre, Touristen, Aus- und Einreisende vollzogen wurde, in einem von grünlichen Kachelwänden reflektierten Licht aus sehr hoch gelegenen schmalen Fenstern, in dem als Polizisten oder Zollbeamte gekleidete Gehilfen des Meisters, der diese Stadt beherrschte, das Recht ausübten, zu binden und zu lösen. Dieser Bau müßte als Monstrum dastehen, sollte seine äußere Gestalt seinem Zweck entsprechen, und nicht als Normalbau aus Steinen, Glas und Eisenverstrebungen, umgeben von gepflegtem Rasen, dessen Betreten natürlich verboten war. Den Argwohn gegen diese gepflegten Objekte hatte ich auch lernen müssen, hatte begriffen, daß sie alle dem Herrn gehörten, der unangefochten meine Stadt beherrschte: der rücksichtslose Augenblicksvorteil.

Da erst wurde ich gewahr, daß vorher ein geheimes Feuer im Innern dieser Stadt geglüht hatte, noch kannte ich seinen Namen nicht, aber seit dem Tag, an dem es ausgelöscht, als alle seine Nebenfeuer erstickt, alle seine verborgenen Fünkchen ausgetreten werden sollten, war ich rettungslos seiner Magie verfallen. Noch mußte ich mit allen anderen in einer verlorenen Stadt leben, einer unerlösten, erbarmungslosen Stadt, versenkt auf den Grund von Nichtswürdigkeit. Nachts hörte ich das Stampfen des Roboters, der mir seine eiserne Hand auf die Brust legte. Aus einem Ort war die Stadt zu einem Nicht-Ort geworden, ohne Geschichte, ohne Vision, ohne Zauber, verdorben durch Gier, Macht und Gewalt. Zwischen Alpträumen und sinnlosen Tätigkeiten verbrachte sie ihre Zeit – wie jene Jungs in den Autos, die mehr und mehr meiner Stadt Sinnbild wurden.

Jetzt mußte ich mit einem Menschen aus Fleisch und Blut reden. Ich trat in den kleinen Spirituosenladen unter dem S-Bahnbogen Friedrichstraße, die Verkäuferin, eine ältere Frau mit dünnem, zweifarbigem Haar auf dem Kopf, schien gerade auf mich gewartet zu haben. Sie fing aufs Geratewohl ein Gespräch über den roten Sekt an, den sie tatsächlich im Angebot hatte und dessen Qualität keineswegs alle Kunden zu schätzen wußten. Befriedigt holte sie mir eine zweite Flasche aus dem Regal.

Ob sie schon lange hier arbeite? Ach, ihr ganzes Leben lang. Hier, oder hier herum. Sie sei Urberlinerin.

Da könne sie wohl was erzählen.

Ach. Was das angehe – wenn sie da einmal anfangen würde! Die kuriosesten Dinge hätten sich vor ihren Augen zugetragen. Die Frau liebte das Wort „kurios", sie wiederholte es. Ich fragte mich, ob ich imstande war, noch mehr kuriose Geschichten anzuhören, ich stellte mich aber interessiert an den Erinnerungen der Verkäuferin, die nicht anders als schauerlich sein konnten, und das waren sie auch, aber was mich überraschte: die Frau wußte es. Sie war eine Ausnahme. Zuerst hörte ich es an ihrem Ton, bis ich begriff: Wirklich, sie hing immer noch an ihrer jüdischen Freundin, mit der zusammen sie jung gewesen war, mit der zusammen sie jeden Morgen mit der S-Bahn vom Alex zum Kudamm gefahren war – sie in das Kaufhaus, in dem sie Lehrling war, die Freundin (Elfriede hieß sie, Elfi: Ich bitte Sie, eine Jüdin und Elfi!) in die Bank, Zahlen addieren. Es langweilte sie. Wann das war? Fünfunddreißig, sechsunddreißig ... Sie brauchen nicht groß zu gucken. Elfis Freund, der SS-Führer, hatte ihr angeboten, sie rauszubringen, aber sie: Nee, bloß wenn meine Familie mit kann, sonst nicht. Der Kerl war ja verrückt nach ihr. Na klar konnte das nicht gut gehen, aber hinterher ist man ja immer schlauer als vorher. Er muß für sie doch was zurechtorganisiert haben, die Rede war von Holland, und da müssen sie ihm draufgekommen sein. Jedenfalls, eines schönen Tages, als wir wieder um die Ecke Joachimsthaler kommen, wo er immer mit seinem Auto gestanden und auf Elfi gewartet hat, damit er wenigstens einen Blick von ihr erwischte für den Tag, da steht sein Auto wieder, und im Vorbeigehn sehen wir, es ist besetzt von Herren mit diesen Trenchcoats und diesen Sporthütchen, und Elfis Freund von der SS sitzt neben dem Steuer und blickt stur geradeaus, und ich sage durch die Zähne zu Elfi: Nicht umdrehn, du! Immer stur geradeaus, und bloß jetzt nicht rennen! Und das haben wir durchgehalten. Na, von dem Kerl hat sie dann ja auch nie mehr was gehört. Alles kann man nicht haben, vielleicht hat ers kapiert. – Dreißig Mark, der Sekt.

Von sich aus schien die Frau nichts weiter sagen zu wollen, sie mußte gefragt werden. Elfi? Die haben sie dann natürlich auch geholt. Zweiundvierzig, als sie den letzten Schub Juden aus Berlin wegbrachten. Mit ihrer ganzen Familie. Ich persönlich hab keine Freundin wie sie mehr gefunden, man wird ja wählerisch, hab ich nicht recht? Und was einem jahrzehntelang im Kopf rumgehen kann. Einen hätte man zur Not verstecken können. Aber eine ganze Familie?

Alles Irrsinn, sagte sie noch hinter mir her. Wenn ich so zurückdenke, der reine Irrsinn.

Darauf wollte ich nicht gleich zurückkommen, ich starrte blicklos in die Auslagen der Bahnhofsbuchhandlung, umkreiste erfolglos den Zeitungskiosk und entschloß mich, doch noch in die neue Kaufhalle im Japanhaus zu gehen; einkaufen, das bewährte Betäubungsmittel, schlug nicht an, aber ich bekam Sanddornmost für H., er habe immer Durst, hatte er mir gesagt. Die Frauen, die an der Kasse anstanden, waren fast alle zu dick und hielten sich schlecht. Ich suchte gewohnheitsmäßig das eine Gesicht, das sich mir auf Anruf zuwenden würde, fand es nicht, bis eine jüngere Frau, die nach gar nichts aussah, einer anderen, älteren, den Vortritt ließ, weil sie nicht mehr stehen konnte. Also ist es doch möglich, dachte ich. Es müßte doch möglich sein. Trotzdem wich das starke absondernde Gefühl von Fremdheit nicht, aber ich wußte, daß ich mich nicht daran klammern durfte. Selbst wenn die vor mir in der Schlange nichts wußten; kaum etwas ahnten; was schlimmer war: nichts wissen wollten – so durfte man doch nicht zu kurz zielen, um sie zu erreichen, lieber etwas höher, weiter, auf Zukunft hin.

Ja, ja doch. Ich wurde mir selber lästig. Ich ging noch in die Post, Geld holen. Jemand, der mich gekannt hätte, hätte mir angesehen, wie gereizt ich war. Mir war jetzt alles zuviel, mir dauerte jetzt alles zu lange, obwohl ich mich gleichzeitig fragen mußte, wohin ich so schnell wollte, wonach es mich so eilig verlangte. Dieses tief verschwiegene Doppelleben immer. Dieser Reiz des Ungewissen, von dem man abhängig werden kann wie von einer Droge. Daß ich immer den Zwang fühlte, alles auszudrücken. Dabei hatte ich meinen alten Bekannten längst entdeckt und er mich auch, da war ich sicher. Für den Bruchteil einer Sekunde hatten unsere Blicke sich gepackt, aber Jürgen M. wollte mich nicht kennen, um Bruchteile von Sekundenbruchteilen hatte sein Blick sich eher zurückgezogen als der meine. Das kannte ich ja. Und wie ich das kannte: der Vorhang, der vor den Augen des anderen niedergeht; die Fischhaut, die das Weiße im Auge des Freundes überzieht; das Gewölk, das seine Linse trübt. Wir haben uns nicht gesehen, nie gekannt. Auch gut. Besser so. Da läßt man sich eben am anderen Schalter abfertigen. Da ist man auffällig mit den Papieren beschäftigt, die man dem Postfräulein vorweisen muß, da macht man sich noch mit unnötigen Formularen zu schaffen, um nur ja nicht am Ausgang mit mir zusammenzutreffen. Aber der andere, diesmal also Jürgen M., kann ruhig sein: Ich spiele mit. Ich bin schon draußen. Ich denke nicht daran, mich umzudrehen.

Seit wann ging ich eigentlich nicht mehr auf einen alten Bekannten zu, ohne sicher zu sein, daß er mir begegnen wollte? Seit wann streckte ich niemandem mehr als erste die Hand hin? Fing kein Gespräch mehr an? Zog mich zurück? Preisfrage: Wie viele müssen bei deinem Anblick auf die andere Straßenseite übergewechselt sein, angelegentlich die nächste Schaufensterauslage betrachtet, im Restaurant den Platz gewechselt, dir in der Versammlung den Rükken zugedreht haben, bis du begreifst und dich passend verhältst? Wie oft mußt du „Zufall" gedacht haben, bis du bereit bist, „Absicht" zu denken? Ich mußte grinsen, weil es mich immer aufs neue freut, wenn ich herausfinde, daß die Statistik die wirklichen Fragen nicht beantworten kann.

Kein Verlust, dachte ich. Jürgen M. war kein Verlust, warum störte es mich also, wenn er mich mied? Warum störte es mich jedesmal wieder? Warum härtete man dagegen nicht ab? Was funktionierte da nicht bei mir? Welcher Mechanismus war da nicht intakt?

Also nun mal der Reihe nach, und keine Hektik. Jürgen M. Wann habe ich diesen Jürgen M. zum letzten Mal gesehen. Vor Jahr und Tag, soviel steht fest. Unangenehm kann der Anlaß nicht gewesen sein. Hatte ich ihn nicht wegen seiner großgemusterten Krawatte aufgezogen? Er aber überreichte mir mit einer spöttischen Verbeugung das Glas Sekt, das er sich gerade von einem Tablett genommen hatte, holte sich selbst ein neues und stieß mit mir an. Lange nicht gesehen und doch wiedererkannt. Ob mir die Bilder gefielen, wollte er wissen, ich sagte, teils, teils. Es war diese Ausstellungseröffnung im Marstall, die Dinge liefen gerade nicht ganz schlecht, Leute trafen sich, die sich lange nicht begegnet waren und fragten sich gegenseitig ihre Lebensumstände ab, als hätten sie die vergangenen Jahre in verschiedenen Ländern verbracht. Wir hatten die Jahre in verschiedenen Ländern verbracht. Wie immer, wenn es sich einigermaßen machen läßt, hielt ich mich an die Spielregeln und fragte Jürgen M., womit er seine Tage verbringe. Ich? sagte er. Ach weißt du, man schlaucht sich so durch.

Mehr hatte er nicht gesagt, wenn ich es mir genau überlegte. Jürgen M., Freund der Studienfreundin, dem seine Freunde eine glänzende Zukunft prophezeiten. Jürgen M., der Philosoph. Hatte er nicht mit ein paar brisanten Veröffentlichungen auf sich aufmerksam gemacht? Damals, fiel mir ein, war er schlanker und trug das Haar gescheitelt, längst nicht mehr Freund der Freundin, erst verlor ich ihn aus dem Auge, dann sie. Publizierte er eigentlich noch in den einschlägigen Zeitschriften? War das Buch, von dem er unaufhörlich geredet hatte, jemals erschienen? War er gescheitert, enttäuscht von sich und der Welt, mied vielleicht deshalb die Begegnung mit früheren Bekannten? Hätte ich also auf ihn zugehen sollen? Aber war da nicht noch irgend etwas gewesen mit Jürgen M.?

Hinter mir kam jemand und pfiff so laut und schrill, daß es in der S-Bahnunterführung widerhallte und den Verkehrslärm übertönte. Was pfiff der eigentlich, das Lied kannte ich doch: „Dem Karl Liebknecht haben wirs geschworen, der Rosa Luxemburg reichen wir die Hand“, pfiff der Mann. Ich weinte. Das mußte aufhören. Es würde ja auch leider aufhören, wahrscheinlich schon bald. Der Mann, der das Lied pfiff, ein breiter, schwerer Mann um die Vierzig, hatte einen schwarzen Manchesteranzug an, wie die Zimmerleute ihn tragen, aber ohne blanke Knöpfe; breitbeinig und pfeifend ging er, unbekümmert darum, ob die Leute sich nach ihm umsahen, bis zur Tür der kleinen Konditorei, in der er verschwand.

Konnte ich mir zu diesem Mann eine Frau vorstellen? Ich konnte es nicht. Immer kann ich mir zu bestimmten Frauen keinen Mann vorstellen, dieses eine Mal war es umgekehrt. Der Mann war eine Ausnahme. Zu Jürgen M. konnte ich mir ohne weiteres eine Frau vorstellen, eine von diesen gehobenen Dutzendfrauen, denn von meiner Freundin, die schwierig, aber doch etwas Besonderes gewesen war, konnte er doch nur zu einer Dutzendfrau gegangen sein. Oder hatte meine Freundin ihn damals verlassen? War es uns allen nicht etwas rätselhaft gewesen, warum die beiden sich getrennt hatten, nach all den Jahren?

Verdammt noch mal, was ging dieser Jürgen M. mich eigentlich an. War er es überhaupt wert, daß ich mich mit ihm beschäftigte. Hatte er nicht damals, in einer ähnlich angespannten Zeit wie dieser hier, diesen widerlichen Artikel gegen seinen Professor geschrieben! Das sah mir ähnlich, daß ich das vergessen, daß ich nicht wahr gemacht hatte, was ich mir vorgenommen hatte: nicht mehr mit ihm zu reden. Ihn wegen dieser blöden Krawatte anzusprechen und mich dann noch zu wundern, wie diensteifrig er mir seinen Sekt gegeben hatte! Er war einfach erleichtert gewesen, daß ich überhaupt mit ihm sprach. Nun aber hatte sich alles noch einmal gedreht, die Dinge liefen nicht gut, nein, das taten sie wirklich nicht, und Jürgen M. konnte es sich ohne weiteres leisten, mich nicht zu kennen. Mehr noch: Er durfte mich gar nicht ansprechen. Vielleicht wußte er sogar, daß ...

Also nun mal der Reihe nach. Und keine Hektik. Was sollte er wissen? Was konnte ein Mann wie Jürgen M. wissen, über die kargen öffentlichen Verlautbarungen und die üppigen Gerüchte hinaus, die ihm vielleicht durchaus genügen mochten. Immerhin mußte ja, außer meinen Freunden, noch irgend jemand von der Existenz der jungen Herren vor meiner Tür informiert sein. Zum Beispiel derjenige, der sie dort aufgestellt hatte.

Da war sie wieder, meine fixe Idee, ich erkannte sie

sofort, mußte mich aber doch genußvoll in sie hineinbohren: daß es jemanden geben mußte, der außer dem wirklich Wichtigen alles über mich wußte. Auf irgendeinem Schreibtisch, in irgendeinem Kopf mußten schließlich alle Informationen über mich – die der jungen Herren, die der Telefonüberwacher, die der Postkontrolleure – zusammenlaufen. Wie, wenn es der Schädel von Jürgen M. wäre?

In dem Gedanken schien eine Wahrscheinlichkeit zu stecken, denn mein zweiter unwillkürlicher Gedanke war: Da hätte er endlich, was er braucht. Dieser zweite Gedanke erstaunte mich. Seit wann hatte ich etwas gegen Jürgen M.? Seit wann glaubte ich zu wissen, was der brauchte? Was hatte ich denn noch, ohne es überhaupt zu merken, über Jürgen M. gespeichert? Jürgen M. als Referent – wahrhaftig, auch das hatte es gegeben. Vor oder nach der Affäre mit seinem Professor? Das wußte ich nicht mehr. Der Ruf der Offenheit ging ihm voraus, und es stimmte, er war offen, aber auf mich wirkte alles, was er sagte, wie eine Rechtfertigung für frühere oder spätere Handlungen. Ich erinnerte mich, wie fasziniert viele unserer Kollegen von Jürgen M. waren: Endlich mal einer, der's sagt, wie es ist. Er bekam starken Beifall, erinnerte ich mich, und ich wollte, schwer bedrückt, schnell nach Hause gehen, aber er paßte mich an der Tür ab und schleppte mich mit in die Bierstube. Es wurde eine große Runde, ein langer Abend. Daß Jürgen M. trank, hatte ich nicht gewußt. Als er anfing, unkontrolliert zu reden, machte ich den Fehler, ihn zu fragen: Warum trinkst du? Da warf er seinen Kopf zu mir herum, als hätte ich ihm einen Schlag versetzt. Immer obenauf, Madam! sagte er. Der Mensch haßte mich. Hab ich dir was getan, sagte ich hilflos, und der eine

Satz durchstach den Damm, den Jürgen M. um sich aufgeschüttet hatte, und unaufhaltsam entströmte ihm ein Selbstbekenntnis, das ich anhören mußte und nicht anhören wollte, denn ich wußte: Danach haßt er mich nicht nur; danach wird er mir gefährlich. Aber ich war im Bann seiner Wut und meiner eigenen Neugier, und so erfuhr ich denn, daß er, Jürgen M., seit Jahren mich und mein Leben verfolgte. Daß er jedes Wort kannte, das ich gesagt oder geschrieben, vor allem jedes Wort, das ich verweigert hatte; daß er meine Verhältnisse so genau kannte, wie ein Außenstehender die Verhältnisse eines anderen überhaupt kennen kann; daß er sich in mich hineingedacht, hineingefühlt hatte mit einer Intensität, die mich bestürzte, und daß er mich – was ihn zur Weißglut reizte – für erfolgreich und glücklich hielt. Und für hochmütig, das vor allem. Hochmütig, fragte ich töricht, inwiefern denn das. Insofern ich zu glauben scheine, man könne alles haben, was ich hatte, ohne dafür seine Seele zu verkaufen. Aber ich bitte dich, sagte ich, um nur die Beklemmung zu durchbrechen, wir sind doch nicht mehr im Mittelalter! – An dem Abend hatte ich Pech, ich gab ihm nur Stichworte, auf die er gewartet zu haben schien, denn nun packte es ihn erst richtig. Nicht im Mittelalter! Da habe man es. Das sei es ja gerade, was zu glauben ich mir herausnähme, wahrscheinlich sogar wirklich glaube und nicht nur, wie er lange gedacht habe, als Losung raffiniert vor mir hertrage, um mir dahinter alles erlauben zu können, denn wer würde einer solchen Losung heutzutage widersprechen? Deine ganze Traumtänzerei, sagte Jürgen M., dieses Gehabe auf dem Seil, ohne abzustürzen. Nun aber, unter vier Augen, wolle er mir mal den Star stechen. Nicht im Mittelalter? O doch, Madam. Wir sind im Mittelalter. Es hat sich nichts geändert, abgesehen von Äußerlichkeiten. Und es wird sich nichts ändern, und wenn man sich als Wissender über die Masse der Unwissenden erheben wolle, dann müsse man seine Seele verkaufen, wie eh und je. Und, wenn ich es genau wissen wolle, Blut fließe auch dabei, wenn auch nicht das eigene. Nicht immer das eigene.

Jetzt wußte ich wieder, was ich damals plötzlich begriff: Sie hatten ihn in der Hand. Und ich erinnerte mich, daß mein Hochmut – darin mochte er recht haben, begabter Psychologe, der er war – mich hinriß, ihn leise zu fragen: Warum steigst du nicht aus. Und wie er weiß wurde wie die Wand, die Augen aufriß, sein Gesicht dem meinen nah brachte, daß ich seinen Bieratem roch, und deutlich und stocknüchtern drei Worte sagte. Ich – habe – Angst. Gleich danach spielte er wieder den Betrunkenen, ich stand auf, klopfte auf den Tisch und ging. Danach habe ich Jürgen M. jahrelang nicht gesehen, habe die Szene vergessen, die er niemals vergessen wird, und nun muß er mich nicht mehr kennen, sitzt in dem Haus mit den vielen Telefonen und sammelt nach Herzenslust alle Nachrichten über mich, die kein anderer bekommen könnte, und dankt jeden Morgen seinem Schicksal, das ihn an diesen Platz gestellt hat, an dem er seinem leidenschaftlichen Gelüst Genüge tun und zugleich der Gesellschaft nützlich sein kann.

Wie ich selbst, auf meinem Platz.

Blind lief ich über die Weidendammer Brücke, auf der anderen Seite und in entgegengesetzter Richtung, und mußte an die Aktendeckel denken, in denen doch sicherlich all die Nachrichten über mich gehortet wurden. Dazu aber mußten sie zuvor ausgewählt, formuliert, womöglich einer Sekretärin diktiert werden. Oder wie hatte man sich das vorzustellen. Hatte ich mir vorzustellen, daß Jürgen M. morgens pünktlich um acht sein Büro betrat und als erstes – diese kleine Eitelkeit gestattete ich meiner Phantasie – nach einem dünnen Aktendeckel mit meinem Namen griff. Darin also der Bericht vom Vortag, Jürgen M. konzentrierte sich genußvoll. Aha. Gestern – das war heute – hatte sie um neun Uhr fünfundvierzig ein Telefonat geführt. Anrufer: Folgte der Name meines Freundes. Folgte die Mitschrift unseres Gesprächs, über die Jürgen M., der sich jetzt sicherlich Humor leisten konnte, schmunzeln würde. Auch Geringschätzung würde er sich leisten. „Codewort", „Kaffee", „Tee" – ach ihr armen Laien! Jürgen M. war Fachmann, wenn ich ihn mir richtig vorstellte, und intelligent, wie er auch war, mußte ihn doch eines schönen Morgens bei der Lektüre des zweihundertsiebenunddreißigsten Tagesberichts seiner Gewährsleute unvermeidlich das Grauen packen ob der Vergeblichkeit seines Tuns, denn wenn er in all den Aktendeckeln blätterte, hier eine Zeile las, dort ein Stenogramm, da ein Gesprächsprotokoll, und wenn er sich dann fragte, was er über dieses Objekt jetzt wußte, was er vorher nicht gewußt hatte, so mußte er sich ehrlicherweise sagen: nichts. Und wenn er sich weiter fragen würde, was er erreicht hatte, würde er sich abermals sagen müssen: nichts.

Das aber wußte ich besser. Viel hatte er erreicht, der Gute, ziemlich viel, aber er konnte nicht wissen, was, denn das haben seine Spitzel nicht gehört, seine Tonbänder nicht aufgezeichnet, es ist aus zu feinem Stoff, es entschlüpft ihnen, auch das dichteste Netz fängt es nicht ein, und wenn ich mich nun selber fragte, was dieses geheimnisvolle „Es" denn eigentlich war, so hatte ich keinen Namen dafür, unzufrieden mit mir und ohne billigen zu können, was ich jetzt vorhatte, ging ich über den Parkplatz, steuerte auf das flaschengrüne Auto zu (sie standen noch da, was hatte ich denn gedacht?), es war elf Uhr fünfzehn, ich strich ganz nahe am Auto vorbei und ertappte die drei jungen Herren just beim Frühstück. Der hinterm Lenkrad saß, hatte seine Brotbüchse auf den Knien, der neben ihm biß in einen Apfel, und der hinten im Fond trank hingegeben aus einer Bitter-lemon-Flasche. Er verschluckte sich nicht, als mein Gesicht vor ihm erschien, ungerührt trank er weiter, aber alle drei bekamen sie wie auf Kommando diesen gläsernen Blick. Mag sein, sagte ich mir, während ich anstandshalber quer über den Parkplatz zum Briefkasten ging, als hätte ich irgendwelche Postsachen einzuwerfen, und es sogar so weit trieb, die Geste des Einwerfens vorzutäuschen – mag ja sein, sie lernen diesen gläsernen Blick auf ihrer Schule. Außer Gesellschaftswissenschaften müssen sie doch auch irgendwelche praktischen Fertigkeiten lernen. Mag doch sein, im zweiten Ausbildungsjahr steht wöchentlich einmal auf dem Stundenplan: Training des gläsernen Blicks.

Und wenn es gar nicht Jürgen M. ist, sondern jemand anderes?

Die Stimme kannte ich. Schön guten Tag, lieber Selbstzensor, lange nichts von Ihnen gehört. Also wer soll es denn sein, wenn nicht Jürgen M., nach deiner Meinung? – Ein unvoreingenommener Beamter, der dich gar nicht kennt. – Das wäre mir sogar lieber. – Lieber ist gut. – Immerhin. Einer, der kein persönliches Interesse an mir hat. Der mir nichts beweisen will. Der mich nicht auf meinem ureigenen Feld ausstechen will.

Wie Jürgen M.? Komm zu dir!

Aus Erfahrung wußte ich: Innerer Dialog ist dem inneren Dauermonolog vorzuziehen. Also gab ich meinem inneren Zensor zu bedenken, was den Jürgen M. sicherlich antreibe: Nämlich daß er danach gierte, mir zu beweisen, nicht nur ein Schreiber könne alles über eine Person herausfinden – er könne das, auf seine Weise, auch. Auch er könne sich, wie jeder x-beliebige Autor, zum Herrn und Meister seiner Objekte machen. Da aber seine Objekte aus Fleisch und Blut sind und nicht, wie die meinen, auf dem Papier stehen, ist *er* der eigentliche Meister, der wirkliche Herr.

Und du, sagte die unwillkommene Stimme, die sehr taktlos sein kann, willst also mit ihm in den Wettbewerb treten? Willst den Fehdehandschuh aufnehmen? Ihm zeigen, wer der Meister ist? Da hat er doch schon gewonnen, dein sauberer Jürgen.

Aber was soll ich denn sonst machen, fragte ich mich, während ich den Briefkasten im Hausflur aufschloß, Post und Zeitungen herausnahm, was soll ich denn machen. Die Treppe hoch, auf den Flurspiegel zu, der noch nicht zerschlagen ist. Daß ich blaß war, hatte nichts zu sagen, Luftmangel eben, da wünschte die Stimme mir viel Vergnügen im Mittelalter, und ich nannte sie unverschämt. Übrigens, habe der brausetrinkende junge Mann da unten im Auto nicht etwas Rührendes gehabt? – Ich solle einen unwürdigen Vorgang nicht verniedlichen. – So gehe es noch um Würde? – Noch? Aber das fange doch gerade erst an.

Wer aber sagte uns, was Würde sei?

Ich fing an, meine Post zu lesen, nach den üblichen

Präliminarien; nachdem ich mich vergewissert hatte, daß kein unliebsamer Absender dabei war, keiner, der mich ängstigte. Nachdem ich die Umschläge so gegen den Lichteinfall gehalten hatte, bis jener sich spiegelnde Kleberand zutage trat, der offenbar durch das zweite Zukleben entstand. Viel seltener waren die Klebränder der Briefumschläge stärker gewellt als üblich, und nur vereinzelt fand ich den Briefbogen innen an das Kuvert angeklebt. Derartige Pannen sollten vermeidbar sein. Irgendwo – sicherlich nicht mal im verborgenen – mußte es ein riesiges Haus geben (oder gab es etwas kleinere Häuser in allen Bezirken?), in dem täglich waggonweise Post angeliefert wurde, die dann an einem langen Fießband von fleißigen Frauenhänden sortiert und nach uns undurchschaubaren Gesichtspunkten anderen Stockwerken zugeleitet wurde, wo wiederum Frauen über Dampf – oder gab es inzwischen effektivere Methoden? – vorsichtig, vorsichtig die Briefe öffneten und sie dem Allerheiligsten zuführten, in dem versierte Kollegen die Ablichtungsapparaturen bedienen mochten, die wir in unseren Bibliotheken und Verlagshäusern so schmerzlich vermißten. Ein Heer von Mitarbeitern, dem niemals eine Würdigung in der Presse zuteil wurde; dem kein Tag im Jahr gewidmet war, wie den Bergleuten, den Lehrern oder den Mitarbeitern des Gesundheitswesens; eine gewiß immer weiter anwachsende Schar, die sich damit abfinden mußte, im Dunkeln zu wirken. Das Wort „Dunkelziffer" hakte sich in mir fest, ich schrieb es auf einen Zettel. Die Tätigkeit großer Bevölkerungsteile verschwindet in einer Dunkelziffer. Ich sah Menschenmengen in einen tiefen Schatten eintauchen. Ihr Los kam mir nicht beneidenswert vor.

Die Zeitungen legte ich beiseite, nachdem ich die Schlagzeilen überflogen hatte. Drei Briefe hatte ich noch nicht geöffnet. Ich wußte, von wem sie kamen, obwohl auf dem einen weder ein Absender stand noch eine Briefmarke klebte: Der Absender, ein sehr junger Dichter, pflegte seine Post selbst in meinen Hausbriefkasten zu stecken. Ich hatte ihn noch nie gesehen. Nach seinen Gedichten – diese neuen waren in einem Lager für vormilitärische Ausbildung entstanden – stellte ich mir einen zartgliedrigen stillen Jungen mit sanften blauen Augen vor, der litt, ohne sich wehren zu können, und überlebte, indem er Gedichte schrieb; ich las die Gedichte dieses Jungen widerstrebend, weil ich ihm nicht helfen konnte, ich schrieb ihm ausweichend, und ich war manchmal wütend auf ihn, mehr noch auf mich. Er konnte mein Sohn sein. Ich glaubte vorherzusehen, was auf ihn wartete. Sie rannten ins Messer. Die jungen Herren, die vor meiner Tür standen – in die seine würden sie ohne weiteres eintreten. Dies war der Unterschied zwischen uns beiden – ein entscheidender Unterschied. Ein Graben. Mußte ich rüberspringen?

Jetzt kämen wir endlich an die richtigen Fragen, teilte mir die bewußte Stimme mit. Man erkenne sie daran, daß sie einem außer Schmerz auch eine gewisse Befriedigung bereiteten.

Meister Neunmalklug wußte wieder mal alles besser.

Gebe es nicht Tage, an denen ich süchtig auf diese Fragen sei?

Na und? Ein solcher Tag sei heute jedenfalls nicht.

Auch darüber behauptete mein Partner unterrichtet zu sein. Es sei wohl eher einer meiner schwächeren Tage. Ich verbat mir die Einmischung. – Okay,

okay. Er sei ja schließlich nicht als Richter über mich eingesetzt. – Sondern? – Als Begleiter, lautete der lakonische Bescheid, den ich nur sarkastisch kommentieren konnte: als persönlicher Begleiter. Die Anspielung ließ ihn kalt. Aufgebracht wollte ich wissen, wer ihn denn eingesetzt habe, und er antwortete ungerührt: Du selbst, Schwester. Wenn du dich bitte erinnern willst.

Ich selbst. Über die zwei Worte kam ich lange nicht hinweg. Ich selbst. Wer war das. Welches der multiplen Wesen, aus denen „ich selbst" mich zusammensetzte. Das, das sich kennen wollte? Das, das sich schonen wollte? Oder jenes dritte, das immer noch versucht war, nach derselben Pfeife zu tanzen wie die jungen Herren da draußen vor meiner Tür? He, Freundchen: Mit welchem von den dreien hältst du es? Da schwieg mein Begleiter, verstimmt, aber hilfreich. Das wars, was ich brauchte: glauben zu können, daß ich jenen Dritten eines nahen Tages ganz und gar von mir abgelöst und aus mir hinausgestoßen haben würde; daß ich das wirklich wollte; und daß ich, auf Dauer gesehen, eher diese jungen Herren da draußen aushalten würde als den Dritten in mir.

Woran mochte es liegen, daß seit einiger Zeit eine jede Wahl, vor die ich mich gestellt sah, nur eine Wahl zwischen schlimm und schlimmer war? Lernte man einfach schärfer sehen mit den jungen Herren vor der Tür?

Ablenkungsmanöver. Ich hatte jetzt endlich den zweiten Brief zu öffnen, der von einem meiner nächsten Freunde kam. Der, nach den Einflüsterungen eines anderen Freundes, seit langem ein fester Mitarbeiter der anderen und auf mich angesetzt sein sollte. Falls das stimmte, hätten die sich ihre Post- und Telefonüberwachung, ihre eingebauten Mikrophone und die jungen Herren vor unseren Fenstern sparen können: Dieser Freund würde sie alle an Effektivität überbieten. Jürgen M. könnte alle anderen Protokolle und Tonbänder in den Papierkorb werfen und brauchte nur die Berichte meines Freundes abzuheften. Nicht daß die mir im Sinne der Behörde gefährlich werden konnten. In einem tieferen Sinn allerdings hätte es kaum etwas Gefährlicheres für mich geben können. Gewiß: Jürgen M. könnte sich an meinen innersten Gedanken delektieren; vor allem aber wäre dann kein Verlaß auf irgendeinen Menschen, und der Zug zur dunklen Seite des Lebens hin, den ich wieder stark spürte, würde stärker werden, vielleicht allzu verführerisch, vielleicht unwiderstehlich, und „Leben" würde das, wohin es mich zog, nicht mehr heißen. Wie aber hieß das, was nicht mehr Leben war?

Nein. Ich wollte den Brief jetzt noch nicht lesen.

Also nun mal langsam. Eins nach dem anderen. Und keine Hektik.

Stehn sie noch da?

Sie stehen da, und sie werden auch heute stehenbleiben, das weißt du ganz genau.

Und wozu haben die das nötig. Wenn er ihnen doch alles sagt?

Also nun hör mal zu. Trotz kann ja was Schönes sein, aber ein kühler Kopf wäre besser. Gut: Nehmen wir unseren Freund. Nehmen wir an, er müßte ihnen zu Willen sein.

Müßte?

Müßte! Dein verdammter Hochmut immer! Was sollte er also machen? Uns sein Herz ausschütten?

Damit wir niemals wieder ein unbefangenes Wort mit ihm reden können?

Was sonst?

Heilige Einfalt! Zum Beispiel: Seinen Auftrag zum Schein erfüllen. Nichts liefern, was sie nicht sowieso wissen. Ihnen keine Handhabe geben, weder gegen dich noch gegen sich selbst. Auf dem Seil tanzen.

Artisten, redete ich kummervoll in mir mit mir, Artisten wir alle. Doch will ich ihn dann nicht zum Freund haben.

Du bist und bleibst ein Luxusgeschöpf. Was denkst du übrigens, auf welche Weise und mit wessen Hilfe er von denen loskommen könnte.

Doch wohl nicht –

Genau. Nur mit deiner Hilfe.

Wenn er es überhaupt will.

Warum sollte er es nicht wollen. Du kennst seine Biografie.

Mein Freund schrieb aus H., wo er an einem Kongreß teilnahm, er sehne sich danach, in meiner Küche mit mir Tee zu trinken und nach Herzenslust mit mir zu reden. Wenn das ein diskreter Hinweis darauf sein soll, daß in unserer Küche keine Wanzen versteckt sind … Ist ja gut. Ich schäme mich.

Ich setzte mich an den Schreibtisch und schrieb meinem Freund, ich stecke gerade in einer schwierigen Phase. Gedanken kämen in mir auf, vor denen ich selbst erschrecke. Binnen kurzem, wenn wir in meiner Küche zusammen Tee trinken würden, könnten wir darüber reden.

Wer weiß, dachte ich, und mein innerer Begleiter war mir böse wegen des Vorbehalts, und ich fragte: Soll ich ihn ohne Vorbehalt in meine Küche lassen, und er sagte: Ohne Vorbehalt. – Aber er würde nichts merken; ich würde ganz natürlich wirken, das kann ich nämlich. Und sogar, bis zu einem gewissen Grad, offen.

Die famose innere Stimme schwieg, schwieg, schwieg.

Ein Brief lag noch da, der auffallendste von allen, ein langgestrecktes weißes Viereck. Ihn hatte ich nicht nach verdächtigen Anzeichen überprüft: Gab es sie, wollte ich es nicht wissen. Ein amtliches Schreiben. Zerstreut schlitzte ich den Umschlag mit dem Brieföffner auf. Die Sekunden, die ich dafür brauchte, die ich brauchte, den Brief herauszunehmen und ihn zu entfalten, genügten, eine Kette von entlegenen Einfällen passieren zu lassen. Puschkin. Der Briefband, der gerade herausgekommen war. Seine schäumende Wut, als er entdeckte, daß die zaristische Postzensur einen seiner Briefe an seine Frau erbrochen hatte. Sein Pathos: So war ihnen nicht einmal der vertrauliche Gedankenaustausch zwischen Gatten heilig! Seine Überreaktion: daß er dann lange nicht an seine Frau schreiben konnte. Und mein unwillkürliches Gelächter, als ich das las, mein Gefühl der Überlegenheit: Diese überempfindlichen Dichter aus dem neunzehnten Jahrhundert!

Wie lange war es her, daß ich keine vertraulichen und vertrauten Briefe mehr geschrieben hatte. Daß ich mich zwingen mußte, überhaupt zu schreiben. Ich wußte es nicht mehr. Wann hatte die Zeit der Als-ob-Briefe begonnen – als ich mich entschlossen hatte, zu schreiben, als ob niemand mitläse; als ob ich unbefangen, als ob ich vertraulich schriebe. Ich wußte es nicht mehr. Nur soviel wußte ich: Für spontane Briefe war ich verdorben, und die Verbindung zu entfernt wohnenden Briefpartnern trocknete aus. Konnte ich darüber noch Bedauern empfinden? Entsetzen? War es mir nicht selbstverständlich geworden? Sie schaffen es, dachte ich. Und wie sie es schaffen.

Der Brief hatte einen imponierenden Briefkopf, und er war kurz. Der Mann, der ihn geschrieben hatte, war bei dem Briefkopf-Amt angestellt und wollte sich mir als anständiger Mensch präsentieren. Auch in schwierigen Zeiten bliebe er ein anständiger Mensch, sollte ich dem Brief entnehmen, auch in schwierigen Zeiten ließe er mich nicht fallen. Mehr nicht? dachte ich, halb erleichtert, halb enttäuscht, und zweifellos ungerecht. Immerhin schrieb er mir – auf Dienstbogen! –, es wäre doch gelacht, wenn es ihm nicht gelingen sollte, mich in den Veranstaltungsplan seiner Institution „einzubauen" – er schrieb „einbauen" in Anführungsstriche, als Zeichen, daß ihm die Ironie in seinem Angebot bewußt war. Dachte er, daß ich Geld brauche? Nein, das dachte er nicht. Mein Rat, meinte er feinfühlig, meine gelegentliche Mitarbeit könne seinem Laden – er schrieb: „meinem Laden hier" – nur gut tun. Es wäre doch gelacht, wenn er mich nicht demnächst dazu überreden könnte. Bei der Gelegenheit werde er mir dann auch erzählen, wie es ihm „seitdem" – das einzige Wort, das ihm unkontrolliert entschlüpft war – ergangen sei. Aber ich wisse ja: Unkraut vergeht nicht.

Schweigen, Schweigen. Sendepause. Falls du denkst, der kann mir noch weh tun ... Übrigens denkst du richtig: Er kann mir weh tun. Er kann es wieder.

Dem Brief entströmte ein feines Aroma von Selbstaufgabe. Das war ja wohl bei ihm angelegt. Und jetzt schreibt er mir diesen Brief, um mir das Gegenteil zu beweisen. Und den hebt er sich gut auf, als Beweisstück für seinen solidarischen Mut. Aber: Einladen wird er mich nicht. Meinen Rat erfragen wird er nicht. In seinen Veranstaltungsplan einbauen wird er mich auch nicht. Die Liste, die ihm das verbietet und auf der auch mein Name steht, wird er womöglich hinter seinem Brief an mich abheften, im gleichen Aktenstück.

Na und? Tun wirs zu den Kuchenkrümeln.

Zum zweitenmal an diesem Tag klingelte das Telefon. Eine Frauenstimme. Warum ist die so aufgeregt, fragte ich mich, noch ehe ich wissen konnte, mit wem ich sprach. Sie war aufgeregt, weil sie für den Abend Komplikationen fürchtete. Sie war die Kollegin K. vom Kulturhaus, die mich zu meiner Überraschung für diesen Abend zu einer Lesung eingeladen hatte, und sie wollte nun wissen, ob ich nicht eine halbe Stunde vor Beginn erscheinen könnte.

Gewiß, sagte ich, aber warum?

Um jede Gefahr, daß es zu unliebsamen Zwischenfällen kommen könnte, abzublocken.

Sie hatte „abblocken“ gesagt. Es war die Sprache, es war der Tonfall, die mich ins Schwitzen brachten. Welche unliebsamen Zwischenfälle denn, fragte ich munter.

Frau K. bereute schon ihre Ausdrucksweise, sie wiegelte ab. Ach, nichts Besonderes. Nur so im allgemeinen.

Darauf ließ sich nun nichts mehr sagen, außer: Ist gut. Ich komme früher. Dann mußte ich den Hörer auflegen. Ich witterte Unrat.

Jetzt war es nach zwölf. Standen sie noch da?

Sie standen da.

Also essen wir etwas. Man sollte an solchen Tagen nicht allein sein müssen.

Allein? Fast nichts konnte ich mehr denken oder sagen, ohne meinen Zensor gegen mich aufzubringen. Wenn du mit diesem selbstmitleidigen Geflenne nicht aufhörst …

Nun, nun. Übrigens gebe ich dir recht. Ich werde, du weißt schon, wen, ohne Vorbehalte in meine Küche lassen. Ich werde nicht vergessen haben, was ich heute über ihn gedacht habe. Ich werde ihm aber glauben, daß er an mir hängt. Und wer soll ihn da herausholen, wenn nicht einer, an dem er hängt. – Wenn er wirklich heraus will. – Wenn er wirklich drinsteckt. – Einer muß es ja sein. Hast du vergessen, wie viele Angriffsflächen er ihnen bietet? – Ach scher dich doch zum Teufel mit deiner bigotten Moral.

Vielleicht hatten wir doch nicht einen der allerschwächsten Tage erwischt.

Ich wärmte mir die Rindfleischsuppe vom Vortag und aß achtlos, dabei hörte ich die gleichen Nachrichten wie am Morgen. Vom Hof her kamen jetzt Kinderrufe, aus dem fünften Stock des Nebengebäudes, das meiner Küche gegenüberliegt, antwortete Schlagermusik, gleich würde Frau G. mit ihrer grünen Mütze erscheinen und sich erbittert gegen den Lärm zur Wehr setzen. Sie tat es.

Ich stand wieder am Schreibtisch, hatte es aber vermieden, aus dem Fenster zu sehen. (Sie waren noch da.) Ich setzte mich und begann, die Eintragungen in meinem dicken grünen Taschenkalender nachzuholen, die ich in den letzten Tagen versäumt hatte. Einmal würde ich in einem Zimmer sitzen – ich stellte es mir kahl vor, ein normales Bürozimmer –, und man würde mir Fragen stellen. Fragen verschiedenen Grades, darunter unverfängliche; ich aber hatte mir vorgenommen, auf keine einzige Frage zu antworten und würde mich daran halten (o deine Einbildungen, Schwester!). Dann, nach ein, zwei oder zwanzig Stunden – sprach man nicht von Verhören, die über Tage gingen, mit kurzen Pausen? – würde mein Verhörer dieses dicke grüne Notizbuch hervorziehen, in das ich gerade gewissenhaft eintrug, was ich heute, gestern, vorgestern getan, gelesen, gehört, wen ich gesehen hatte, sogar welches Wetter mir aufgefallen war. Nun, würde mein Verhörer sagen – er würde bis zu den Fragen dritten, auch vierten Grades sehr höflich bleiben und erst bei den Fragen fünften Grades ganz plötzlich sehr grob werden, aber ich wäre darauf gefaßt und würde auch der Grobheit standhalten, ihr vielleicht sogar leichter als der Höflichkeit (Schwester! Schwester ...): Nun, würde er sagen. Reden wir Klartext. Und er würde mir aus meinem eigenen Notizbuch mit meinen eigenen Worten auf jede Frage die Antworten vorlesen, die ich eben noch so stolz verweigert hatte. Und nun, Herr Neunmalklug, kannst du mir erklären, warum ich trotzdem alle diese Eintragungen mache, außer aus Stolz, Tollkühnheit, Hochmut?

Weil du denkst: Sie werden es nicht wagen.

Schweigen.

Jetzt mußte ich zum Telefon gehen, wählen, lauschen. Hab ich dich etwa geweckt, sagte ich, etwas zu schuldbewußt. Nein, sagte meine jüngere Tochter. Aber sie frühstücke gerade. – Was denn. – Die Aufzählung war lang und wurde gebilligt: Das sei also, was sie „Frühstück" nenne. Andere Leute würden sich davon zwei Tage ernähren. – Dafür esse sie dann auch zwei Tage lang nichts. – Dies sei ja das Unglück. – Sie erfragte und erhielt Auskunft über ihren Vater. – And what about Yourself, Ma'am? – O marvellous, sagte ich, und sie sagte: Primiximo, worauf ich sie aufforderte, sich einer allgemein verständlichen Redeweise zu bedienen, was sie entrüstet ablehnte. Wie Sie denken, Frollein, sagte ich. Aber womit verbringen Sie Ihre müden Tage? – Oh, dear! sagte die jüngere Tochter. Bitte keine Indiskretionen! – Jetzt mal im Ernst: Schläfst du genug. – Aye, aye, Sir. – Gehst du auch mal schön spazieren. – Aye, aye, Sir. – Du, sagte ich, dies sag ich dir: Wenn ich eines Tages wegen seelischer Grausamkeit die Verbindung zu dir abbreche, dann wirst du im Rinnstein sitzen, und deine heißen Tränen werden fließen. – Lady, sagte meine jüngere Tochter, das nehm ich mir aber jetzt entsetzlich zu Herzen.

In der gleichen Sekunde legten wir beide auf. Mir war doch wohler. Ich sah aus dem Fenster. Da standen sie also immer noch. Mochten sie. Was mich betraf, ich würde jetzt Pause machen. Ich zog im Schlafzimmer die Vorhänge zu und legte mich ins Bett. Dies war eine der tief erleichterten Minuten des Tages. Kein fremder Mensch, kein fremder Blick, vielleicht nicht einmal ein fremdes Ohr folgten mir in diesen Raum. Ich genoß die unaussprechliche Wohltat, unbeobachtet und allein zu sein und keine Forderung an mich zu haben. Nicht denken, nicht arbeiten. Nichts herausfinden, nichts wissen wollen. Ruhig auf dem Rücken liegen, die Augen schließen, atmen. Atmen. Ich atme. Ich denke nicht. Ich bin ruhig.

Mein innerer Blick fand einen hohen, fahlen Rundhorizont über einer dunklen Scheibe. Sollte das eine Bühne sein? Alle meine Gedanken wichen hin zu diesem Horizont. Schattenhaft flogen sie davon, große träge Fledermäuse. Sie schaffen es. Unsinn. Die kommen nicht weit. Die knallen sich die Köpfe ein. Der Horizont ist aus Marmor. Siehst du das nicht. Die kamen alle schön brav zu mir zurückgekrochen. Auf diese Weise werd ich sie nicht los.

Auf welche Weise wird man Gedanken los. Indem man sie denkt. Denkt und wieder denkt. Durchdenkt. Zu Ende denkt. Gäbe es einen Apparat, der alle Hoffnung, die noch in der Welt ist, bündelt und wie einen Laserstrahl gegen diesen Horizont aus Stein richtet, ihn aufschweißt, durchbricht.

Jetzt denkst du wie sie. Apparate, Strahlungen, Gewalt. Jetzt verlängerst du ihr bißchen Gegenwartsmacht in die Zukunft hinein. Dann hätten sie dich.

Denkst du, das wüßte ich nicht? Denkst du, ich denke, daß ich das ganz Andere bin? Die Reinheit, Wahrheit, Freundlichkeit und Liebe? Denkst du, ich wüßte nicht, was die brauchen? Ich weiß es. Die wollen, daß ich ihnen gleich werde, denn das ist die einzige Freude, die ihrem armen Leben geblieben ist: andere sich gleich zu machen. Denkst du, ich spüre nicht, wie sie an mir herumtasten, bis sie den schwachen Punkt gefunden haben, durch den sie in mich eindringen können? Ich kenne diesen Punkt. Doch den sag ich niemandem, nicht einmal dir, und nicht einmal in Gedanken.

Wie stellst du dir also deine Zukunft vor.

Da flogen alle die großen schattenhaften Fledermäuse wieder auf, ein unheimlicher Schwarm.

Weißt du wirklich nicht, daß man sich manche Wörter manchmal verbieten muß? Um sich nicht zu schwächen? Um nicht weich zu werden?

Soll es also künftig um Härte gehen.

Das Gegenteil von weich ist nicht hart. Das Gegenteil von weich ist unnachgiebig, fest.

Hört sich phantastisch an. Und in welche deiner vielen Taschen zauberst du deine Angst?

Mein bißchen Angst? Damit müssen wir leben. Wem das nicht paßt, der kann ja gehen. Und wer mir Angst machen will mit diesen Bildern, die er mir durch den Kopf jagt – seit einer Minute war der Rundhorizont verschwunden, ich sah vergitterte Räume –, wer mich damit fertig machen will, der geht auch. Und zwar ganz schnell.

Aha. Falls das eine Kündigung war – ich nehme sie an.

Ich schlief dann doch noch ein. Die Bilder, die ich zuletzt sah, waren scharf abgegrenzte Ausschnitte eines männlichen Körpers, den ich kannte, unversöhnliche Liebesszenen, die mich im Wachzustand erstaunt hätten. Rücksichtslos führte ein Traum mir vor, wie die Geburtshülle eines Embryos beschädigt wird, dazu hörte ich, in höhnischem Tonfall, die Worte: In einer Glückshaut geboren! Den Sinn verstand ich im Erwachen, doch wozu der Hohn? Warum diese Verletzungen, die man sich auch noch selber beibringen muß.

Keine Antwort. Die Kündigung blieb gültig. Da zog ich mich an, kochte starken Kaffee und setzte mich an den Schreibtisch, Foltertisch. Standen sie noch da? Sie standen nicht mehr da. Das flaschengrüne Auto war weg. Sie hatten es aufgegeben. Sie hatten sich endlich überzeugt, daß …

Vier Plätze weiter nach links stand das weiße Auto, besetzt mit zwei Mann. Alles, wie es sich gehört.

Es war fünfzehn Uhr.

Durch das rechte Erkerfenster konnte ich die

Friedrichstraße bis zum S-Bahnhof überblicken, durch das linke Erkerfenster bis zur Oranienburger. In beiden Richtungen das Geschiebe der Menschen. Tausende von ahnungslosen Landsleuten, die Stunde um Stunde zwischen mir und dem weißen Auto da drüben vorübergingen, die es nach Hause zog oder zu ihrer Arbeitsstelle oder zu ihrer Geliebten oder zu ihren Geschäften. Die ihr normales Leben, das an ihnen haftete, überallhin mitnahmen.

So lange ich nicht bereit wäre, mit irgendeinem von ihnen zu tauschen, war mein Hochmut ungebrochen, und die Hauptbelehrungen standen mir noch bevor. Oder ihnen? Die Fremdheit, die mich von der Menge trennte, glaubte ich, trennte die Menge auch von sich selbst.

So hatte ich noch nicht gedacht, aber die Zeit schien gekommen, so und noch ganz anders zu denken. Anders und anderes. Die Menge nicht immer nur als unfehlbar, als Richter, als übergeordnet; als die vielen, die es besser wissen, die ich nicht mißachten, kränken, ignorieren durfte; als die große Masse, die im Zweifelsfalle immer recht hatte. Da ging sie an meinem Fenster vorbei, wußte nichts und hatte nicht recht noch unrecht, denn sie war eine Konstruktion. Und war es nicht denkbar, daß es nicht auf sie ankam, sondern auf die einzelnen Menschen, die ja und nein sagen konnten, den Arm automatisch heben oder die Zustimmung verweigern, auf Weisung den ersten Stein werfen oder das Urteil nicht anerkennen. Ob es nicht auf jeden dieser vielen da unten einzeln ankam, zum Beispiel auf dieses Mädchen, das sich eben zwischen dem weißen Auto und dem danebenstehenden schwarzgelben durchwand, das jetzt quer über den Rasenstreifen ging, der Parkplatz und Bürgersteig voneinander trennt, das an der Fußgängerampel warten mußte und nun zielstrebig die Fahrbahn überquerte. Ein Mädchen wie Tausende, nicht groß, weder dünn noch dick, mit sehr kurz geschnittenem braunen Haar und einem bräunlichen Gesicht. Grüne Kutte, die Tasche über die Schulter gehängt.

Man mußte nur einen einzelnen ins Auge fassen, schon war man seine Angst los.

Ich mußte mich fertig machen, die Tasche für H. packen, die Schuhe anziehen, in knapp einer halben Stunde begann im Krankenhaus die Besuchszeit. Es klingelte. Sehr zur unrechten Zeit, sagte ich mir, um meinen Schreck vor mir selber zu überdecken. Wer klingelte? Heute? Bei mir? Am besten, man machte gar nicht erst auf. Ich schlich durch den Flur, lauschte an der Tür. Die Kette vorlegen? Unsinn. So fängt es an.

Zuerst dachte ich an eine Sinnestäuschung. Draußen stand das Mädchen, das ich eben die Straße hatte überqueren sehen. Sehr kurzes braunes Haar. Braunes Gesicht. Kutte. Umhängetasche.

Wer schickte die? Da sah sie mich an, und ich begann mich zu schämen. So unbefangen wie möglich bat ich sie herein. Mit diesem Mädchen trat etwas mir vom Ursprung her Verwandtes und zugleich ganz und gar Fremdes über meine Schwelle. Man konnte ihm – wie jung es war! Zwanzig? Zweiundzwanzig? – nicht sagen, es solle doch seine Kutte ausziehen. Das Mädchen nannte seinen Namen, der mir entfernt bekannt vorkam, und mein Gefühl verdichtete sich, daß dieses Mädchen meine Wohnung nie mehr verlassen würde. Ich zog nicht, wie es vernünftig gewesen wäre, im Vorbeigehen den Telefonstecker heraus, ich riskierte es, dieses Mädchen in meinem Zimmer, an meinem runden Tisch in die womöglich abhörbereiten Mikrofone über sich sprechen zu lassen, denn dazu war es gekommen, das hatte ich gleich begriffen. Durch ein paar schnelle Fragen und Antworten wurde klar, daß der Name dieses Mädchens wirklich mit einer bestimmten Affäre an einer bestimmten Universität, im Zusammenhang mit Denunziationen, mit Verfahren und Erpressungen aufgetaucht war, daß wirklich sie es war, die man damals vom Studium ausgeschlossen hatte, da sie nicht zu den Erpreßbaren gehörte.

Richtig, ja, ich erinnerte mich an diese Geschichte, die ich vom Hörensagen kannte, aber die war doch – wie lange her? Ein Jahr? Zwei Jahre? Ja. Aber, sagte das Mädchen nun, beinahe beiläufig und gewiß nicht, um damit zu protzen, danach habe eine zweite Affäre sie für ein Jahr ins Gefängnis gebracht, daher habe sie nicht früher kommen können. Als seien wir seit zwei Jahren verabredet gewesen. Nun endlich war die Atmosphäre hergestellt, auf die ich seit dem Eintreten des Mädchens gefaßt gewesen war. „Gefängnis" war das Wort, das unsere Verwandtschaft in Frage stellte. Es ließ sich nichts dazu sagen, nichts fragen. Das Mädchen kramte in seiner Umhängetasche und zog endlich ein paar Blätter daraus hervor, ein Manuskript, das war der Anlaß für ihren Besuch, und ich las die Blätter sofort, obwohl ich gleich am Anfang gesagt hatte, ich müsse gehen.

Als ich den kurzen Text gelesen hatte, fragte ich das Mädchen, wem sie ihn außer mir noch gezeigt habe. Ihrer Schwester also, einem Freund, ihrem Mann.

Jetzt stand ich auf und zog den Telefonstecker heraus. Das Radio wollte ich nicht anstellen, das Mädchen sollte mich nicht für ängstlich oder für eingebildet halten. Sie sei also verheiratet. Ja. Ihr Mann habe zu ihr gehalten, aber was sie mache, interessiere ihn nicht.

In Zeiten wie diesen, ging es mir flüchtig durch den Kopf, werden alle unsere Schwächen wach, oder unsere Stärken werden zu Schwächen. Es war mir nicht gegeben, einen guten Text für schlecht zu erklären oder die Autorin eines guten Textes nicht zu ermutigen. Ich sagte, was sie da geschrieben habe, sei gut. Es stimme. Jeder Satz sei wahr. Sie solle es niemandem zeigen. Diese paar Seiten könnten sie wieder ins Gefängnis bringen.

Das Mädchen wurde vor Freude weich, es löste sich, begann zu reden. Ich dachte: Es ist soweit. Die Jungen schreiben es auf. Das Mädchen erzählte von seinem harten Leben, jetzt wollte es sein innerstes Wesen hervorkehren, aber wohin sollte das führen, ich mußte es zügeln, ich konnte nicht dulden, daß es in diesem zutraulichen Zustand auf die Straße trat, ich mußte es fragen, wie es im Gefängnis war, mußte mir anhören, die Kälte sei das schlimmste gewesen. Und die hohen Normen bei der Strumpffabrikation. Und die Nierenschmerzen. Es werde dort einfach zu wenig geheizt.

Das alles in meinem warmen Zimmer, ich mit Strümpfen an den Beinen. Ich mußte jetzt, falls es möglich war, diesem Mädchen Angst einjagen. Mußte ihm sagen, die größten Talente seien in deutschen Gefängnissen vermodert, dutzendweis, und es sei nicht wahr, daß ein Talent der Kälte und der Demütigung und der Zermürbung besser widerstehe als ein Nichttalent. Und daß noch in zehn Jahren Menschen Sätze würden lesen wollen, wie sie sie schrieb.

Und daß sie, bitte, nicht in jedes offene Messer laufen sollte.

So solle sie sich aufsparen? Aber wofür?

Liebe sie nicht ihren Mann?

Der habe sie geheiratet, um ihr Sicherheit zu geben. Er halte zu ihr. Sie gefährde ihn, er habe ein Amt. Liebe? Nein.

Und wolle sie keine Kinder?

Früher schon, oja. Nun nicht mehr. Übrigens habe man sie dort, da man ihre Nierenschmerzen verkannte, an der Gebärmutter operiert.

Schweigen.

Das Mädchen hatte ein Einsehen. Sie wolle sich doch nicht ins Verderben stürzen. Nur habe sie es eben gern, etwas aufzuschreiben, was einfach wahr sei. Und dies dann mit anderen zu bereden. Jetzt. Hier.

Das Mädchen, dachte ich, ist nicht zu halten. Wir können sie nicht retten, nicht verderben. Sie soll tun, was sie tun muß, und uns unserem Gewissen überlassen. Sie ging. Ich sah ihr vom Fenster aus nach. Sie überquerte die Straße, schlängelte sich zwischen den Autos durch, direkt an dem weißen Auto vorbei, unberührt von den gläsernen Blicken der jungen Herren, ging über den Parkplatz und entschwand ihren und meinen Blicken.

Jetzt habe ich mir nicht ihre Adresse geben lassen.

Jetzt stecke ich den Telefonstecker wieder rein, mache mich fertig, schließe die Tür ab, gehe. Im Krankenhaus muß die Besuchszeit inzwischen begonnen haben.

Mein Auto stand sieben Plätze neben dem weißen, das ich keines Blickes würdigte. Ich stieg ein, ließ den Motor an. Das Mädchen fragte nicht krämerisch: Was bleibt. Es fragte auch nicht danach, woran es sich erinnern würde, wenn es einst alt wäre.

Ich fuhr den Weg nach, den das Mädchen gegangen sein konnte, ich konzentrierte mich auf die Bürgersteige, verursachte beinahe einen Unfall, als ich den Kopf mit dem braunen kurzen Haar in der Menge entdeckt zu haben glaubte und, ohne Rücksicht auf den Verkehr, am Rinnstein zu halten suchte, mußte weiterfahren, von wütendem Hupen gedrängt, ich hatte den braunen Kopf aus den Augen verloren. Keine Adresse. Das haben wir sauber hingekriegt.

Während ich weiterfuhr, tadellos und exakt, alle Regeln des Straßenverkehrs bedienend, geschah etwas Merkwürdiges mit mir. Irgend etwas ging mit mir vor, mit meinem Sehvermögen, oder, genauer, mit meinem gesamten Wahrnehmungsapparat. Verkehrstüchtig blieb ich, das war es nicht; ich sah nicht mehr richtig. Ich sah nicht mehr, was ich sah, obwohl doch die Häuser, Straßen, Menschen mir keineswegs unsichtbar geworden waren, das nicht. Was ist mit uns, hörte ich mich denken, mehrmals hintereinander, sonst fehlten mir die Worte, sie fehlen mir bis heute. Versuchsweise sage ich, es war ein Band gerissen zwischen mir und der Stadt – vorausgesetzt, „Stadt" kann noch stehen für alles, was Menschen einander antun, Gutes und Böses. Nicht, daß ich Angst gehabt hätte, verrückt zu werden. Ich hatte weder Angst noch überhaupt ein Gefühl, auch mit mir selbst stand ich nicht mehr in Kontakt, was waren mir Mann, Kinder, Brüder und Schwestern, Größen gleicher Ordnung in einem System, das sich selbst genug war. Das blanke Grauen, ich hatte nicht gewußt, daß es sich durch Fühllosigkeit anzeigt. Mühelos fädelte ich mich aus dem Verkehr, sah mir selbst aus einer gewissen Höhe nicht ohne Anerkennung dabei zu, bog links ab in den Zufahrtsweg zum Krankenhaus, fand, als sei das selbstverständlich, gleich einen Parkplatz und wunderte mich auch nicht, daß man in ein Gebäude, das scharf und flächig, wie aus Pappe ausgeschnitten, dagestanden hatte, dann plötzlich doch hineingehen konnte, daß es dort ein, wenn auch schmutziges, Treppenhaus gab, Aufschriften mit Pfeilen zu den verschiedenen Stockwerken und Stationen, an denen entlang ich schnell und sicher in den zweiten Stock, zur Station C 1 und vor ein Zimmer mit der Nummer siebzehn fand. Ich ordnete meine Gesichtszüge, sie entsprachen dann dem Gesichtsausdruck einer Frau, die ihren Mann im Krankenhaus besucht, ich klopfte an, öffnete die Tür, trat ein, nickte dem jungen Menschen zu, der im ersten Bett lag, trat an das zweite, sah mir aus einer gewissen Höhe dabei zu, sah mich lächeln, beugte mich über das Gesicht, das da in den Kissen lag und küßte es.

Ich sah mir aus einer gewissen Höhe dabei zu.

Ich fragte, was zu fragen war, empfing die Antworten, die ich kannte, stellte den Sanddornsaft auf den Nachttisch, packte leere Flaschen und schmutzige Wäsche ein, machte alles ganz echt und ganz natürlich, vermied nicht einmal Wörter wie „Sorge“ und „Sehnsucht“, da einem ja, wenn man nichts fühlt, alle Wörter frei zur Verfügung stehen. Ich nahm auch Anteil, forschte nach Einzelheiten, wollte über die kleinsten Fortschritte der Genesung unterrichtet werden, über Bruchteile von Fiebergraden, alle Abstufungen von Schmerz. Nein, eine wirkliche Gefahr habe es nicht gegeben, das wußte ich ja, wenn ich auch gestern den ganzen Vormittag über unruhig gewesen war. So sagte ich, und es stimmte, ich war unruhig gewesen, und wußte im gleichen Augenblick, daß ich mit diesem wahrheitsgetreuen Satz Mißtrauen wekken mußte, das er aber nicht sofort äußern würde. Er würde nur fragen: Und sonst? Das tat er jetzt.

Und sonst?

Sonst? Nichts Besonderes. Ziemliche Ruhe. Wenig Leute. Tut ganz gut. Ach wo, keine Vorkommnisse. Also wirklich. Schlafen? Aber ja. Hervorragend. Also wirklich. Über mich muß man sich keine Gedanken machen.

Warum sagst du heute immerzu „also wirklich", sagte H.

Ich? sagte ich. Sag ich das?

In einer Minute hast du jetzt zweimal „also wirklich" gesagt, sagte H.

Laß mich zufrieden, sagte ich. Der Satz mußte beschwiegen werden. Heul ruhig, sagte H. nach einer Weile. Ich schob den Stuhl weg und setzte mich auf sein Bett. Das sähen die Schwestern nicht gern, sagte er.

Wie geht es dir, fragte ich, alles noch mal von vorne. Die gleichen Antworten auf andere Fragen. Er sah blaß aus, ein Zug in seinem Gesicht war mir unbekannt. Mit dem Finger fuhr ich die Linien nach, die ich kannte. Er war in Gefahr gewesen. Gestern hatte ich mich, einen ganzen Vormittag lang, gewaltsam der Schreckensvorstellung eines Lebens ohne ihn erwehren müssen. Es ist alles gut gegangen, sagte ich. Es ist alles gut.

Ja?

Also wirklich.

Später erzähl ich dir alles. Befürchte nichts. Ich befürchte auch nichts mehr. Es liegt alles an uns selbst, weißt du. Lach nicht, wenn Lachen dir weh tut. Du kannst mich noch genug auslachen, später. Du kannst mich gottseidank noch lange genug auslachen, Mann. Du, auf einmal bin ich so froh, daß ich gar nicht weiß, wohin. Dich nicht mal anfassen können.

Also gut. Jetzt zieh ich mal los.

Im Auto sang ich. Ich sang „Auf einem Baum ein Kuckuck, simsaladimbambasaladusaladim". Die schaffen uns nicht, Mann. Ich stellte das Radio an, sang laut die Schlager mit, ich fuhr zu schnell die Leninallee hinunter, entschloß mich plötzlich, doch noch eine Kleinigkeit in der Grillbar zu essen und riß auch schon das Steuer herum, zum Parkplatz auf der anderen Straßenseite. Jetzt erst kam das Signal „Wenden verboten" in meiner Großhirnrinde an. Aber es wird doch nicht gleich ...

Doch. Ein Pfiff. An dieser Ecke stand also ein Verkehrspolizist auf Dauerposten, dessen Winken ich brav zu folgen, dem ich gehorsam die Fahrpapiere zu reichen hatte, freundlich und tatbewußt. Am besten gleich selbst das Vergehen benennen, nichts beschönigen, aber Gründe anführen, die der schon besänftigte Gesetzeshüter bei sich selbst in mildernde Umstände verwandeln kann. Einen Stempel gab der mir nicht mehr, den Augenblick hatte er verpaßt, zehn Mark, bestenfalls, und wenn er sich auf eine Diskussion einließ, womöglich nur fünf. Was sollte Wachtmeister B. mit einem Straftäter anfangen, der freimütig zugab, diese Strecke öfter zu fahren, der nichts zu seiner Entschuldigung anführte als einen Zustand von „Geistesabwesenheit" und der zu allem Übel eine Frau war? Er konnte mir nur die Papiere zurückgeben, die fast scherzhaft klingende Mahnung anfügen: Aber nie mehr hier wenden! – konnte mit der Hand an der Mütze grüßen und mir gute Fahrt wünschen.

So konnte es aber nicht weitergehen.

Es ging nicht so weiter. Im Bistro gab es unfreundliche Kellner, schleppende Bedienung, ich mußte gehen, ohne gegessen zu haben. Aus Erfahrung wußte ich, daß Hunger spätestens nach einer Stunde wieder vergeht. Es wurde dunkel. In einer der finsteren abbruchreifen Straßen hinter dem Alexanderplatz stellte ich auf gut Glück das Auto ab, suchte lange in der falschen Richtung nach dem Kulturhaus, und als ich es endlich fand, war die halbe Stunde, die ich der Veranstaltungsleiterin zugesagt hatte, schon angebrochen. Ich strahlte nicht mehr, aber ein Rest Übermut war geblieben. Übermütig drängte ich mich durch den Menschenpulk, der die Tür des Kulturhauses blokkierte, lachend überzeugte ich die jungen Leute, daß sie mich schon durchlassen müßten, die das dann, ebenfalls lachend, auch taten. An der verschlossenen Eingangstür groß das Schild: AUSVERKAUFT. Links und rechts von der Tür je ein junger Herr. Nun sieh dir das an. Unauffällig kann man das nicht nennen. Die jungen Herren machten keine Umstände, höflich signalisierten sie nach innen, man solle die Tür öffnen. So geschah es. Vier, fünf junge Mädchen und Frauen und zwei junge Herren standen im Flur, um mich höflich zu begrüßen. Eine Falle! dachte ich in meiner übertriebenen Art, während ich ringsum Hände schüttelte, in der Verwirrung einige mehr, als nötig gewesen wäre. CLUB DER VOLKSSOLIDARITÄT, las ich auf einem Türschild rechterhand, und dann wurde ich von einem eilfertigen jungen Mädchen die Treppe hochgeführt, auf eine große Inschrift zu: WACHSTUM – WOHLSTAND – STABILITÄT. Wachstum, Wohlstand, Stabilität las ich mechanisch noch einmal. Wo waren wir hier eigentlich. Ich spürte

Lust, mich in diese Frage zu verbeißen, doch war das nicht der Zeitpunkt dafür, ich sah es ein.

Das Zimmer der Abteilungsleiterin für kulturelle Veranstaltungen, ein Abstellraum für ältere Büromöbel, übertraf an Unwirtlichkeit beinahe jedes andere Bürozimmer, das ich kannte. Drei Uraltplakate an den Wänden halfen der kulturellen Atmosphäre, die die Kollegin K. sich wohl vorstellte, nicht auf. Die Kollegin K. gab vor, sich über meinen Anblick wahnsinnig zu freuen, mir kam sie eher wahnsinnig aufgeregt vor. Sie trug einen grasgrünen Pullover, auf dem genau zwischen ihren beiden Brüsten ein faustgroßes gehämmertes Bronzeschild hing. Ich fragte mich, ob diese Frau vielleicht Brunhilde hieß, aber es hätte mir nicht wirklich genützt, das zu wissen. Dann fing sie zu sprechen an, in einer schnellen, überstürzten Art, die das Schild auf ihrer Brust zum Klirren brachte. Was war mit ihr? Mit wachsendem Erstaunen, dann mit wachsendem Verständnis sah ich ihre Finger auf der Tischplatte umhergreifen, sah, wie ihr Blick sich in die entlegenste Zimmerecke bohrte und begriff: Diese Frau hatte Angst. Die Maßeinheit für die Größe ihrer Angst war das Klirren des Schildes auf ihrer Brust. Ganz leise klingelte es, wenn sie ihren Chef erwähnte; der hatte es offenbar nicht für nötig befunden, sie gegenüber den „höheren Stellen" zu decken, bei deren Nennung ihr Schild lauter klirrte. Immerhin sei es ihr gelungen, auch diese Stellen, die sie stark bedrängt haben mußten, zur stillschweigenden Duldung dieser Veranstaltung zu bewegen, weil sie sowieso nicht mehr abzublasen gewesen war. Laut aber läutete das Bronzeschild von Frau K. Sturm, wenn sie auf die Besucher vor der Tür zu sprechen kam, die keinen Einlaß mehr gefunden hatten. Eine derartige Zusammenrottung hatte der Kollegin K. gerade noch gefehlt.

Auch mir hatte etwas Derartiges gerade noch gefehlt, aber das sagte ich nicht. Im Gegenteil. Ich mobilisierte meine einschlägigen Erfahrungen, die nicht unerheblich waren, und fing an, Frau K. Fragen zu stellen, die ihr gleichzeitig den Rücken stärken und mich möglichst umfassend informieren sollten. Es gibt da eine Technik, die ich einem Außenstehenden nicht erklären könnte; ich nehme an, in jedem Land gibt es Gespräche, deren Hintersinn einem nur aufgeht, wenn man sie mit Dutzenden ähnlicher Gespräche über den gleichen Gegenstand vergleicht.

Was war also mit den höheren Stellen. – Die höheren Stellen befürchteten, daß etwas passieren könnte. – Was zum Beispiel. – Zum Beispiel provozierende Fragen aus dem Publikum. – Aha. Der Pegel für noch zu duldende Fragen scheint weiter abgesunken zu sein. Aber keine Bange, Frau K., das mache ich schon. Schließlich bin ich kein Neuling.

War ich kein Neuling? Ehrlich gesagt, gerade heute fühlte ich mich als Neuling.

Was noch, Frau K. – Also Auslandskorrespondenten. – Welche Auslandskorrespondenten. – Die sich eingeschlichen haben könnten, obwohl ... – Obwohl was? Ist dies eine öffentliche Veranstaltung oder nicht? – Schon. Obwohl ...

Kurz und gut, man hatte Vorkehrungen getroffen. – Vorkehrungen?

Jetzt läutete bei mir ein wohlbekanntes Glöckchen Alarm. Jetzt trat ich mit der Kollegin K. in Verhandlungen ein, die, von meiner Seite zäh, taktisch klug und freundlich geführt, die Widerstandskräfte der vor kurzem erst aus Thüringen in die Schlangengrube

Hauptstadt verschlagenen Abteilungsleiterin matt setzten. Nach manchem Hin und Her und reichlichem Schildgerassel lieferte sie mir mit einer Geste, die der Kapitulation eines Heeres würdig gewesen wäre, die Liste der geladenen Teilnehmer aus. Wahrhaftig, die ehrte mich. Niemand war vergessen.

Ich sagte Frau K., daß die Liste mich ehre. Aber was die sechs laufenden Nummern bedeuten sollten, hinter denen weder eine Dienststelle noch ein Name verzeichnet war. Dazu schwieg Frau K. und sah auf ihren Schreibtisch. Da schwieg auch ich und sah auf ihren Schreibtisch. Nur sechs, dachte ich fast getrost. Wenn ich mich an jene Veranstaltungen erinnerte, bei denen fast ein Viertel ... Also von „Fortschritt" sollte man in einem bestimmten Zusammenhang lieber nicht sprechen. Das einzige ist, jetzt nicht den Humor verlieren.

So fragte ich Frau K., ob denn, nach dieser imponierenden Liste, überhaupt noch normales Publikum zu erwarten sei. Damit hatte ich sie nun aber beinahe beleidigt. Selbstverständlich habe sie auch „Leute von der Straße" hereingelassen. Das waren ihre Worte, die meinen Humor beinahe vollständig wiederherstellten. Wir werden im Alter wenigstens etwas haben, wovon wir zehren können.

Nun mußte aber Frau K. eiligst hinuntergehen und das Publikum draußen vor der Tür dazu bringen, sich zu zerstreuen. – Und wenn man noch ein paar hereinließe, die Tür zum Treppenhaus öffnete? – Dies konnte Frau K. aus feuerpolizeilichen Gründen nur als unsittlichen Antrag ablehnen. – Allein gelassen, blätterte ich in meinem Manuskript, trocknete mir den Schweiß vom Gesicht und bespritzte mich mit Kölnischwasser. Hatten diese alten unübersichtlichen

Berliner Häuser nicht alle einen versteckten Hinterausgang? Mündete der nicht vielleicht neben der Tür zur Toilette, die ich noch unauffällig aufsuchen könnte? Wobei ich, ebenso unauffällig, die Toilettentür mit dem Ausgang verwechseln könnte? Daß es das erste Mal wäre, war schließlich kein Argument. Einmal muß man mit allem anfangen.

Da kam Frau K. schon zurück. Hatte die wartende Gruppe sich zerstreuen lassen? – Leider nein. – Frau K., die an vielen Stellen gebebt hatte, seit ich sie kannte, bebte nun auch am Kinn. Was immer noch geschehen mochte, ließ sie mich wissen, sie sei entschlossen, die Veranstaltung beginnen zu lassen. Da unten, an der Einlaßtür, mußte mit ihr etwas passiert sein. Wie sie nun vor mir herging, geht nur ein zum Äußersten entschlossener Mensch. Wenn Grün wirklich die Farbe der Hoffnung ist, ihr grüner Pullover signalisierte alles mögliche, Hoffnung nicht. An der Tür zum Veranstaltungsraum stellte sich heraus, daß sie nicht gedachte, mich zu begrüßen. Ich solle einfach vorgehen und frisch von der Leber weg beginnen. Die Leute merken schon von selbst, wenns anfängt, sagte Frau K. Mein lieber Mann, dachte ich. Das hatten wir allerdings noch nicht.

In dem Raum war es still. In einem schmalen Gang zwischen Stuhlreihen schlängelte ich mich zum Podium durch, auf dem ein nackter Holztisch stand, ein einfacher Stuhl, eine Lampe. Ich nahm die hohe Stufe, setzte mich. Zwei, drei Händepaare klatschten. Die gehörten also nicht zu den sechsen in der Liste. Oder gerade doch? Ich sagte, was ich lesen wollte, und begann.

Den Text kannte ich auswendig. Die Sätze betonen sich von selbst, die Stimme hebt sich, senkt sich, wird weicher, härter. Wie es sich gehört. Alles mechanisch, keiner wird es merken. Aus welchen Gründen Sie, meine Damen und Herren, immer gekommen sein mögen: Sie werden korrekt bedient werden. Das Honorar, mit dem Sie mich gedungen haben, ist bescheiden, aber ich liefere Ihnen den vollen Gegenwert. Was ich ganz gerne wüßte: Mußten Sie etwa in die eigene Tasche greifen, oder haben Ihre jeweiligen Dienststellen Ihnen die eine Mark fünfzig pro Eintrittskarte bezahlt, wie ich doch hoffen will? Müssen Sie Kulturbeflissenheit wenigstens vortäuschen für diesen Job, oder nicht einmal das? Und wie sind Ihre Instruktionen? Beifall am Ende, und wenn ja, wie stark? Oder Mißfallenskundgebungen? Aber bei welcher Gelegenheit? Arbeiterfäuste sind ja wohl nicht mehr zeitgemäß.

WACHSTUMWOHLSTANDSTABILITÄT

Oja. Sie werden bedient werden. Eines Tages werdet ihr bedient sein, Kolleginnen und Kollegen. Übrigens: Warum gerade ihr? Warum gerade dieser junge Kerl da vorne links, dem der Schweiß von der Stirn rinnt, aber er wischt ihn nicht ab? Traut er sich nicht, um nicht aufzufallen? Ist er so interessiert, wie er tut? Und das Mädchen hinter ihm, die Langhaarige – wo könnte die angestellt sein. Oder sind die beiden gar nicht herbeordert, sondern gehören zu denen „von der Straße"? Zu denen, für die ich ganz anders lesen müßte. Warum müßte: Muß. Und wenns nur die beiden wären. Aber es können auch zwei, drei Dutzend sein, und ich habe nicht mehr an sie gedacht. Und warum ist mir nicht eingefallen, daß es auch für die anderen lohnen würde, für die, die man hergeschickt hat? Denn wo steht geschrieben, daß sie aus Eisen, daß sie nicht auch verführbar sind.

Also gut. Jetzt streng ich mich an.

Jetzt legte ich keinen Wert mehr auf eine Einteilung des Publikums, nach welchen Gesichtspunkten auch immer. Wie sich in den über hundert verschiedenen Köpfen die Welt spiegeln mochte – ich wollte für diese eine Stunde meine Welt in ihre Köpfe pflanzen. Ich hatte keine Einwände, nicht den mindesten Vorbehalt mehr gegen irgendeinen dieser Zuschauer, und – zwar konnte ichs nicht schwören, doch glauben wollte ich es nur zu gerne – auch die sechs oder wie viele es sein mochten, vergaßen vielleicht für kurze Zeit nicht ihren Auftrag, doch ihr Vorurteil. Denn wo kämen wir hin, wenn es Mode würde, in die Hand zu spucken, die einer dir offen hinhält.

Ich sah, wie gerne die Kollegin K. die Pause, die vor dem ersten Diskussionsredner eintritt, dazu benutzt hätte, die Veranstaltung zu schließen, die zu eröffnen sie sich standhaft geweigert hatte. Noch war nichts passiert, aber in jeder Sekunde – zum Beispiel jetzt, da der junge Mann aus der ersten Reihe aufstand, der, der so schwitzte – konnte es passieren. Aber der junge Mann wollte ja nur wissen, wann das Buch erscheinen würde, und schlauer hätte auch keiner von den sechsen die Diskussion eröffnen können, denn nun verstrich Zeit mit Sachinformationen über die Herstellung von Büchern. „Sachliche Atmosphäre" könnte in den Berichten stehen, die hoffentlich morgen an geeigneter Stelle zusammenliefen. Die Diskussion fand in einer sachlichen Atmosphäre statt.

Aber man soll sich nicht zu früh freuen. Man soll die Wachsamkeit den eigenen Gefühlen gegenüber niemals vernachlässigen. Es erhob sich in der letzten Reihe eine junge Frau von der Art, gegen die ich wehrlos bin, und brachte das Wort „Zukunft“ ins Spiel – ein Wort, gegen das wir alle wehrlos sind und das imstande ist, die Atmosphäre eines jeden Raumes zu verändern und eine jede Menschenansammlung zu bewegen. Die junge Frau – Lehrerin? Musikstudentin? Technische Zeichnerin? – hätte sich nie das Herz gefaßt, öffentlich zu sprechen, wenn sie nicht extra gekommen wäre, um die für sie unaufschiebbare Frage zu stellen: auf welche Weise aus dieser Gegenwart für uns und unsere Kinder eine lebbare Zukunft herauswachsen solle.

Sie sprach ohne Betonung, sie warf sich nicht auf, klagte nicht an, ließ nichts durchblicken. Sie wollte nur wissen. Alle im Saal hatten das Signal vernommen, ein jeder auf seine Weise. Das Bronzeschild der Kollegin K. begann verzweifelt zu scheppern, das half ihr nun rein gar nichts mehr. Und wenn in großer Leuchtschrift die Wörter WACHSTUM WOHLSTAND STABILITÄT an der Wand erschienen wären – nichts hätte mehr geholfen, denn nun standen die wirklichen Fragen im Raum, die, von denen wir leben und durch deren Entzug wir sterben können.

Ich sagte etwas in dieser Art und gab mir Mühe, wie ich es mir angewöhnt hatte, die junge Lehrerin, die vielleicht arglos unter Argen saß, nach Kräften zu decken und den Anlaß für ihre Frage auf mich zu nehmen. Gleich schämte ich mich dieses Manövers, denn an mehreren Stellen im Saal gingen die Hände hoch, erhoben sich Stimmen, die die Frage der jungen Frau nicht nur als ihre eigene wiederholten, sondern sie erweiterten und sich in unbekümmerter und rücksichtsloser Manier auf sie einließen. Was taten diese Leute. Sie brachten sich in Gefahr. Aber mit welchem Recht hielt ich sie für dümmer als mich? Mit welchem Recht nahm ich mir heraus, sie vor sich selbst zu schützen?

Da schwieg ich denn und hörte zu, wie ich in meinem Leben nicht oft zugehört hatte. Ich vergaß mich, man vergaß mich, zuletzt vergaßen wir alle Zeit und Ort. Der Raum lag im Halbdunkel. Mit den Formen fiel bald die Förmlichkeit. Es fiel die entsetzliche Angewohnheit, für andere zu sprechen, jeder sprach sich selbst aus und wurde dadurch angreifbar, manchmal zuckte ich noch zusammen: Wie angreifbar. Aber das Wunder geschah, keiner griff an. Ein Fieber erfaßte die meisten, als könnten sie es nie wieder gutmachen, wenn sie nicht sofort, bei dieser vielleicht letzten Gelegenheit, ihr Scherflein beisteuerten für jenes merkwürdig nahe, immer wieder sich entziehende Zukunftswesen. Jemand sagte leise „Brüderlichkeit". Wahnsinn, dachte ich; ein anderer sprang auf, schüttelte die Fäuste, griff sich an den Kopf vor soviel Naivität und wußte nicht, wie ihm geschah, als sie ihm von verschiedenen Seiten ganz ruhig den Gebrauchswert des utopischen Wortes vorhielten; setzte sich kopfschüttelnd, ein anderer, der sich gerne reden hörte, wurde heiter auf das Wesentliche hingelenkt, das immerhin auch er meinen mochte. Als stehe man vor einem Fest, wurde die Stimmung im Saal immer lockerer. Buchtitel wurden durch den Raum gerufen, manche notierten sie sich, andere fingen an, mit ihren Nachbarn zu reden, um die junge Frau, die zuerst gesprochen hatte, bildete sich ein Kreis.

Wo hatte nur die Kollegin K. ihre Sinne. Trug sie nun Verantwortung oder nicht. Aber da war sie schon, leise klirrend, sporenklirrend, hätte man denken können. Noch grüner war ihr Pullover, noch röter schimmerten ihre Wangen. Bebte sie? Gewiß, sie bebte. Ihr Körperbeben übertrug sich auf ihre Stimme, die dennoch entschlossen klang. Dies sei nun aber der rechte Moment. Ein jedes Beisammensein müsse einmal. Daher beende sie hiermit, und sie glaube im Namen aller zu sprechen. Die Dankesformel. Dic Blumen: fünf Gerberastiele, in Asparagis eingebunden. Einen guten Nachhauseweg allerseits.

Doch blieb man sitzen. Hatte Frau K. sich geirrt? War es doch nicht der rechte Moment? Andererseits: Worauf wartete man noch? Das wußte keiner, aber als der alte Mann in der zweiten Reihe sich erhob, der aussah wie ein Arbeiterveteran, da schien man gerade auf ihn gewartet zu haben. Er wolle nur, als der weitaus Älteste in dieser Runde, sich das Recht nehmen zu einer kleinen Freundlichkeit. Damit holte er aus einem uralten Leinenbeutel einen flachen, in Seidenpapier gewickelten Karton, den er mir überreichte. Jetzt konnte gelacht, geklatscht werden, man konnte aufstehen und sich allmählich zerstreuen. Einige brachten Bücher zum Signieren nach vorn, unter ihnen die junge Frau, die nach unserer Zukunft gefragt hatte. Was sie mache. – Ach, Krankenschwester. – Warum sie da „ach" sage. – Ach, das sei doch nichts Besonderes.

Hier hätte der Abend enden müssen. Statt dessen gab es ein Nachspiel. Die beiden jungen Leute, die sich von der Tür her näherten und bisher nicht im Publikum gewesen waren, eröffneten es. Ein harmloser junger Mann, ein nettes junges Mädchen mit blondem krausen Haar. Während ich ihre Bücher signierte, nannte der junge Mann seinen Namen. Er war es also, der mir seit einigen Monaten seine Gedichte in den Briefkasten steckte. Das träfe sich ja gut, daß man sich auf diese Weise einmal zu Gesicht bekäme.

Da fragte der junge Mann: Wissen Sie eigentlich, daß man die Wartenden unten vor der Tür mit der Polizei auseinandergetrieben hat?

Das Gefühl, als sinke in mir ein Fahrstuhl sehr schnell nach unten, kannte ich ja. Mit der Polizei? Aber warum denn? Und ich soll das gewußt ... Kollegin K.!

Die Kollegin K. stand bereit. Ja leider. Leider sei es nötig gewesen, polizeilichen Schutz in Anspruch zu nehmen. Die Zusammenrottung sei ausfallend und aggressiv geworden.

Die beiden, Junge und Mädchen, sagten leise: Das ist nicht wahr.

Nicht wahr? Das wußte die Kollegin K. nun aber besser. Sie selbst habe man beschimpft, als sie versucht hatte, die Zusammenrottung gütlich aufzulösen.

Gütlich! sagten die beiden Jungen wie aus einem Mund.

Sie, fragte ich die Kollegin K., habe also von dem Polizeieinatz gewußt? Ihn womöglich sogar veranlaßt?

Das habe alles seine Ordnung und Richtigkeit. Man habe sie schließlich vom Revier aus angerufen, um ihr zu versichern, ein Einsatzwagen stehe auf Abruf bereit.

Wann! Wann habe man sie vom Revier aus angerufen.

Gegen halb sieben. Natürlich, vor der Veranstaltung. Aber es war ja abzusehen gewesen, was da kommen würde.

Aber was denn. Was sei denn gekommen, fragten der Junge, das Mädchen und ich.

Da stand, wie aus dem Boden gewachsen, neben der von Kopf bis Fuß klirrenden und bebenden Kollegin K. ein Mann, kaum größer als sie, aber offensichtlich um ein, zwei Gehaltsstufen kompetenter: der Leiter des Clubhauses selbst, ihr Chef. Der sich nun doch gezwungen sah, sein Inkognito zu lüften. Einfach, um den jungen Leuten hier mal. Also im Klartext: Was gekommen sei? Nun. Er habe mal, vor Jahren, angefangen, Jura zu studieren. Aber auch ohne das: Ein jeder gesund empfindende Mensch nenne, was dann gekommen sei, Hausfriedensbruch. Und gegen Derartiges unterhalten wir allerdings, auch wenn das manchen Leuten nicht passe, glücklicherweise eine schlagkräftige Polizei. Dies bloß mal zur Klarstellung. Im übrigen habe ja die Polizei überhaupt nicht durchgegriffen, wie es ihr gutes Recht gewesen wäre.

Mir, sagte das junge Mädchen, hat einer von ihnen gesagt, uns hätten sie in Nullkommanichts auf drei, vier Lastwagen geladen und abtransportiert, dann wäre die Luft sauber.

Gesagt! sagte der Clubhausleiter überlegen. Aber was haben die Polizisten getan!

Sie haben die Leute, die unten im Hausflur standen, rausgedrängelt und geschubst.

Na also, da sagen Sie es selbst. Die Polizei hat auf unblutige Weise das Hausrecht wiederhergestellt. Ob denn die Kollegin Schriftstellerin überhaupt wisse, daß ihre Fans sich gewaltsam Zugang ins Haus verschafft hätten.

Gewaltsam! sagte der junge Mann. Draußen wars langweilig, wir vertrieben uns die Zeit mit allerhand Blödsinn. Von der Tür rief einer, einen Dietrich müßte man haben!, da hat einer einen nach vorne durchgegeben, damit machten sie die Tür auf, ging ganz leicht, und ein paar sind reingegangen. Das war alles. Vollkommen friedlich wars, sogar lustig, so was wie ein Happening. Glauben Sie bloß nicht, irgendeiner wollte Ihre Veranstaltung stören.

Was ich glaubte, war unerheblich. Ich sah, die Kollegin K. hatte zwar von dem Polizeieinsatz, nicht aber von dem Hausfriedensbruch gewußt und war nun sehr erleichtert. Ich fragte mich auch, was eigentlich die beiden jungen Männer gemacht hatten, die vorne an der Tür standen, als der Dietrich durchgereicht wurde. War er vielleicht auch in ihre Hände gekommen? An dieser Geschichte war etwas von Grund auf Unstimmiges, was mir sehr zu denken gab. Dieser Anruf um halb sieben, als kein Mensch an einen Dietrich dachte … Oder doch? Ich hatte mich zu früh gefreut. Jürgen M. oder wer auch immer kriegte seinen Bericht, wahrscheinlich sogar drei, vier saftige Berichte, die ihn befriedigen und meine Akte bereichern würden. Und wäre es nicht denkbar, daß mein alter Freund Jürgen M., der seine jungen Männer so lange ergebnislos vor unserer Tür herumstehen ließ, sich eine solche Bereicherung meiner Akte etwas kosten ließe. Denkbar schon, sagbar nicht. Unsagbar. Unaussprechlich.

Also gehen wir.

Einen Moment noch. Der Clubhausleiter wollte nun doch noch Gelegenheit nehmen, zusammenfassend festzustellen, daß er den Abend im großen und ganzen für durchaus gelungen halte und daß die unliebsamen Zwischenfälle am Rande die Kollegin Schriftstellerin ja gar nicht betroffen hätten. Am besten, sie vergäße sie überhaupt möglichst schnell. Dies fand die Kollegin K. auch, klirrenden Schildes und bebenden Kinns. Die Augen fest auf ihren Chef geheftet, formulierte sie den Satz vor, den sie in ihren Bericht hineinschreiben würde: Die Lesung verlief normal, in einer aufgeschlossenen Atmosphäre und zur Zufriedenheit des Publikums.

So ist es, sagte ihr Chef.

Ich ging, flankiert von den jungen Leuten. Jemand brachte mir die Blumen nach, die ich liegengelassen hatte. Die beiden begleiteten mich bis zum Auto; ist schon besser, sagte der Junge. Viel redeten wir nicht. Die Draußenstehenden seien wirklich friedlich gewesen, friedlich und unprovokativ. Man habe miteinander geredet. Sie beide zum Beispiel – sie hätten sich dabei überhaupt erst kennengelernt.

Schön, sagte ich.

Ich sei jetzt wohl müde.

Ja.

Ob es eine gute Diskussion gewesen sei.

O doch. Es ging um Zukunft, wissen Sie. Was bleibt.

Was bleibt.

Ich mußte lachen. Ich wußte, es war gefährlich, wenn ich jetzt anfing zu lachen. Ich schaffte es, aufzuhören. Die jungen Leute stellten fest, daß sie beide den gleichen Heimweg hatten. Auf ein andermal, sagte ich, stieg ins Auto und fuhr los. Ich dachte nichts weiter, als daß ich müde war.

Und wenn sie nun wirklich welche von den Jungen auf ihre Lastwagen geladen und mitgenommen hätten. Und wenn sie nun … Jetzt waren wir soweit. Ich konnte nichts mehr tun. Kaltgestellt nennt man das. Mit dem Rücken an der Wand.

Um diese Zeit gibt es keinen Verkehr mehr in der Oranienburger, erst recht nicht in der Tucholskystraße. Ich fuhr mechanisch und parkte in der ersten Reihe auf dem großen Parkplatz, unseren Fenstern direkt gegenüber, unmittelbar neben dem Auto, in dem zwei junge Herren saßen und rauchten. Dieses Auto mochte bei Tageslicht blau sein. Dunkelblau. Soll es. Solln sie. Bei Tageslicht und auch nachts, sommers und winters.

Es war dreiundzwanzig Uhr fünf.

Die Wohnung war dunkel und still. Ich ging durch alle Zimmer, barfuß, und knipste alle Lampen an. In der Küche stellte ich die Gerbera ins Wasser. Ich starrte in die Bildröhre auf den Ansager, der mir Gute Nacht wünschte und entschwand. Ich musterte die Schallplatten durch. Exsultate Jubilate. Was soll das mir. Was mir das schmerzlich geliebte „Fremd bin ich eingezogen". Fremd zieh ich wieder aus.

Nichts trifft.

An den Bücherregalen entlangstreichen, sogar die Trittleiter nehmen, die oberen Reihen durchforschen, hier einen Buchrücken antippen, da einen Titel ausprobieren. Nichts geht mehr. Alle guten Geister, sogar meine Heiligen, hatten mich verlassen. Einzelne Zeilen mochte es noch geben. Mit meinem Mörder Zeit ... Das ging. Mit meinem Mörder Zeit bin ich allein.

Ins Bad gehen, in den Spiegel starren, den ich nicht zerschlagen konnte, weil sie ihn vor mir zerschlagen hatten. Die Weichen waren gestellt. Der Gang betoniert, durch den sie uns treiben würden. Ins Zimmer zurückgehn, das Radio anstellen. Den Konfektkarton auswickeln, den der weißhaarige Mann mir geschenkt hatte. Die Karte lesen, die dabeilag. Der Mann war also ein Pfarrer und wünschte mir Gottes Segen. Bei lauter Radiomusik, Schlager, saß ich und aß ein Stück Konfekt nach dem anderen, bis der Karton halb leer war.

Was jetzt.

Das Telefon klingelte. Es war Mitternacht. Meine älteste Tochter hatte von einem Freund erfahren, was los gewesen war. Einer von denen, die draußen gestanden hatten. Sie hätten nicht provoziert, sollte sie mir sagen. Wirklich nicht. Sie seien ganz gut gelaunt und heiter gewesen. Sie hätten mir keine Schwierigkeiten machen wollen. – Weiß ich doch. – Aber wie klingt denn deine Stimme. – Normal, nehme ich an. – Manchmal, sagte meine kluge älteste Tochter, müsse man sich einfach am eigenen Schopf packen und sich ein paar Jahre voraus versetzen. – Ach. Das sei also ihr Rezept. Warum sie nicht im Bett liege, sondern zu nachtschlafender Zeit in der Weltgeschichte herumtelefoniere. – Darauf wolle ich doch wohl keine Antwort haben. Ob es dem Vater besser gehe. – Ja. – Also! Alles könne man eben nicht haben. Stünden sie wieder vorm Haus? – Sie stünden. – Störe es mich noch. – Nein. Es störe mich nicht mehr. Aber daß auch meine eigenen Töchter mir nachspionierten, das störe mich. – Na dann tschüs, sagte meine Tochter. Was ich noch sagen wollte: Sie haben ja recht, dir zu mißtrauen. – Das fange ich gerade zu begreifen an, sagte ich.

Als ich den Hörer aufgelegt hatte, schlug das Telefon sofort wieder an. Ein Mann, den ich nur flüchtig kannte, wollte mir sagen, er habe am Abend vor dem Kulturhaus zwischen den jungen Leuten gestanden. Die hätten wirklich nicht provoziert. – Das wisse ich, sagte ich. – Wie es mir gehe. – Gut, sagte ich. – Wirklich? – Ich sagte: Besser. – Ich gebe Ihnen mal meine Telefonnummer, sagte der Mann, an den ich mich auf einmal erinnerte. Sie können mich immer anrufen, auch nachts. – Ich sagte: Meine Güte. Telefonseelsorge. – Machen Sie sich nur lustig, sagte der Mann. Ist mir sogar lieber als was anderes.

Ich schrieb mir die Nummer auf. Ich ging durch alle Zimmer und drehte alle Lichtschalter aus, bis nur noch die Schreibtischlampe brannte. Diesmal hatten sie mich aber beinahe gehabt. Diesmal haben sie, ob sie es nun darauf angelegt hatten oder nicht, den Punkt getroffen. Den ich eines Tages, in meiner neuen Sprache, benennen würde. Eines Tages, dachte ich, werde ich sprechen können, ganz leicht und frei. Es ist noch zu früh, aber ist es nicht immer zu früh. Sollte ich mich nicht einfach hinsetzen an diesen Tisch, unter diese Lampe, das Papier zurechtrücken, den Stift nehmen und anfangen. Was bleibt. Was meiner Stadt zugrunde liegt und woran sie zugrunde geht. Daß es kein Unglück gibt außer dem, nicht zu leben. Und am Ende keine Verzweiflung außer der, nicht gelebt zu haben.

Juni/Juli 1979 November 1989

ISBN 3-351-01797-9

1. Auflage 1990

Einbandgestaltung Martin Hoffmann
Karl-Marx-Werk, Graphischer Großbetrieb, Pößneck V 15/30
Printed in the German Democratic Republic
Lizenznummer 301. 120
Bestellnummer 614 327 7